AF467768

X...

Conserver la Couverture

257706

Nos Enfants

NOS ENFANTS

LETTRES D'UN JESUITE

PROSCRIT PAR LA LOI DE 1901

A UN JEUNE PROFESSEUR

NOS ENFANTS

LETTRES D'UN JÉSUITE

PROSCRIT PAR LA LOI DE 1901

A UN JEUNE PROFESSEUR

PARIS
ANCIENNE MAISON CHARLES DOUNIOL
TÉQUI, LIBRAIRE-ÉDITEUR
29, rue de Tournon, 29

1903

Sur la fin de l'année scolaire 1900-1901, un jeune Breton du Finistère, M. Frédéric B., qui venait de conquérir ses deux diplômes de licencié ès-lettres et de docteur en droit, avait accepté de faire la classe de troisième dans un ancien collège de Jésuites, que la loi de 1901 allait priver de son personnel religieux.

Désireux de soutenir, dans la mesure de ses forces, l'enseignement chrétien dont le ministère Waldeck-Rousseau poursuivait la ruine, il consentait de bon cœur à remplir une tâche, qui, naturellement parlant, ne lui plaisait guère.

Au cours du mois de septembre, tandis qu'il passait les vacances dans le petit domaine familial de *Ker-Maria*, près Lesneven, il eut tout le temps de réfléchir aux conséquences de l'engagement qu'il venait de prendre. Il ne regrettait point, assurément, d'avoir été généreux; mais à mesure qu'approchait le jour de la rentrée des classes, il se demandait, non sans quelque appréhension, comment il pourrait s'acquitter convenablement de fonctions si nouvelles pour lui.

Un beau matin, l'idée lui vint d'exposer ses difficultés à son ancien professeur de rhétorique, religieux de la Compagnie de Jésus, qui était en train, lui aussi, de faire ses malles... besogne d'ailleurs assez simple, le milliard des congrégations n'ayant point coulé dans sa bourse.

Frédéric pria donc son vieux maître de vouloir bien lui faciliter la tâche en le faisant profiter de son expérience en matière d'éducation et d'enseignement.

Le religieux y consentit très volontiers. La justice et la charité lui faisaient un devoir de venir en aide à ce vaillant, qui n'hésitait point, en plein essor de jeunesse, à consacrer les plus belles heures de sa vie à la défense des intérêts catholiques.

Une correspondance active s'établit dès lors entre le vieux professeur et son ancien disciple, et c'est avec leur autorisation que nous publions ces pages.

NOS ENFANTS

Le Père X. à Frédéric B.

Paris, ce 15 septembre 1901.

Mon cher Frédéric. — C'est beau, c'est bien, ce que vous faites là ! A vingt-quatre ans, à l'âge où tant de jeunes gens ne songent qu'à jouir de leur liberté, vous vous consacrez, vous, à une tâche, noble et méritoire, sans doute, mais bien ardue, et qu'il faut accomplir, la sueur au front.

La classe est à peine ouverte, et mettant au repos chiens et fusil, vous dites adieu à vos belles campagnes et à votre vie de grand air et de mouvement pour vous enfermer dans une petite classe de grammaire ! Encore un coup, mon cher ami, c'est beau et c'est grand... Soyez certain que le bon Dieu bénira votre générosité, et qu'il paiera au centuple ce que vous faites aujourd'hui pour sa gloire et le salut de ses enfants.

Et votre sainte maman! Quel généreux sacrifice elle accomplit en laissant partir son grand Frédéric, quand après en avoir été privée si longtemps elle allait enfin l'avoir bien à elle, à Ker-Maria!

Votre départ suit de bien près celui de Mademoiselle Marguerite[1]! N'est-ce pas le 2 juin qu'elle vous a quittés! Pauvre chère petite... Quel vide dans la maison depuis ce jour-là!

Dites bien à votre chère maman que le bon Dieu la bénit et la bénira dans ses enfants, et que nous, les persécutés d'aujourd'hui, nous saluons en elle une vaillante et une chrétienne des vieux âges.

Hélas! qu'elles sont rares, à présent, ces femmes courageuses, capables de s'oublier elles-mêmes et de former des familles fortes dans la foi!

Quant à vous, mon cher Frédéric, nous, vos

1. Mademoiselle Marguerite B. était entrée, quelques mois auparavant, au noviciat des Filles-du-Saint-Esprit.

Pères, qui vous avons élevé et qui vous connaissons de vieille date, nous vous disons merci, un grand merci, et nous confions sans crainte à notre fils d'hier nos fils d'aujourd'hui, qu'une persécution brutale et impie nous contraint d'abandonner.

Mon bon enfant, vous vous apitoyez sur le sort des religieuses et des religieux persécutés. Vous ne pouvez, dites-vous, songer sans douleur et sans indignation à la violence qui nous est faite... Ne nous plaignez pas trop, Frédéric. Nous souffrons, sans doute, nous souffrons beaucoup, et nous souffrirons peut-être longtemps. Mais cette souffrance-là sera féconde ; elle nous rapprochera de Jésus crucifié ; elle détruira ce qui reste encore d'humain dans nos cœurs, pour que l'amour du bon Dieu y soit tout à fait le maître.

Et puis quelle consolation de penser que c'est *pour le nom de Jésus* que nous sommes persécutés ! *Beati qui persecutionem patiuntur*...

Mais ce sont les pauvres enfants qu'il faut plaindre ; car ils vont être abandonnés... à qui, grand Dieu ! et de quelles abominables doctrines vont-ils devenir la proie ! Je n'y puis penser sans frémir.

Aujourd'hui ils sont heureux, ils sont purs,

ils sont beaux, parce que la grâce de Dieu habite leur cœur et leur donne la vie surnaturelle. Mais hélas! que seront-ils dans quelques années, quand ils auront passé par les mains de maîtres sans foi?

Oh! le scandale des enfants!...de quel formidable anathème Notre-Seigneur Jésus-Christ l'a foudroyé! « Malheur, en vérité, je vous le dis, à celui qui aura scandalisé un de ces petits qui croient en moi. Il vaudrait mieux pour lui être précipité dans la mer avec une meule de moulin au cou! »

Et les parents chrétiens... quelles angoisses ils endurent, en songeant à l'avenir de leurs jeunes enfants!

L'autre jour, une mère, une vraie chrétienne aussi, celle-là, me disait, après sa confession : « Mon Père, je suis tentée d'envier pour mes quatre garçons le sort de leurs deux aînés, qui sont morts, quelques jours après leur baptême. Ceux-là, du moins, sont à l'abri des dangers qui menacent leurs petits frères. »

Elle avait bien raison, la sainte femme! Et les cœurs de toutes les mères vraiment chrétiennes battent à l'unisson du sien.

Mais les plus à plaindre sont encore ces malheureux, qui se sont faits auteurs ou complices de cette abominable loi dont le but évident est de déchristianiser la France. A l'exemple de Judas qui vendit son Maître, ils ont livré les âmes des enfants chrétiens qui sont les petits frères de Jésus. Les uns ont agi par haine de Jésus-Christ et de son Eglise, d'autres par ambition, d'autres par lâcheté, n'osant point désobéir aux injonctions des loges maçonniques dont ils se sont faits les esclaves.

Oh ! oui, je plains nos persécuteurs ; car, s'ils ne font pas pénitence, la vengeance de Dieu sera terrible. Ils seront malheureux dans l'autre monde, et ils le sont déjà dans celui-ci, croyez-le bien.

Plusieurs d'entre eux, c'est triste à dire, ont été élevés chrétiennement, par des prêtres ou des religieux. Pour ceux-là, n'en doutez pas, il est certaines heures où leur conscience endormie se réveille et leur fait endurer de cruels remords. Et c'est justement pour eux la dernière planche de salut.

Il me souvient qu'en 1880, un peu après l'application des décrets du 29 mars, je passais par une ville où nos Pères vivaient dispersés depuis la fermeture de leur chapelle et de leur maison. Comme c'était le jour où j'avais l'habitude de me confesser, j'allai faire une petite visite au Père spirituel, le Père Derice, vénérable vieillard de quatre-vingts ans.

Il avait bien souffert, le pauvre bon Père, quand il avait fallu quitter la chère maison où il avait prié et travaillé pendant si longtemps. Il avait dû rompre de vieilles et chères habitudes, renoncer aux petits labeurs quotidiens qui l'occupaient encore, abandonner les âmes qu'il avait la consolation de conduire au ciel... Et c'est dans une demeure étrangère, loin de la plupart des siens, qu'il lui fallait vivre ses derniers jours !

Avec quelle patience et quelle douceur il supportait cette cruelle épreuve !

J'étais bien jeune alors, et je ne possédais point la mansuétude de mon vieil ami.

Je m'agenouillai donc, près de son fauteuil de paralytique, et je m'accusai, je m'en souviens, d'un peu d'irritation contre ceux qui avaient bouleversé notre vie et ruiné nos œuvres.

Quand il m'eut fait la petite exhortation d'usage, il me dit : « Mon enfant, priez, oh ! priez bien pour nos persécuteurs. Ces pauvres gens... ils sont si malheureux, si malheureux ! Quand je pense qu'il leur faudra rendre compte au souverain Juge de l'oppression des innocents et de la perte des âmes ! Oh ! l'épouvantable avenir que le leur ! Prions pour eux, prions beaucoup ; ils sont en si grand danger ! »

Ce langage me fit rougir ; car j'étais bien plus disposé à m'apitoyer sur moi-même que sur ceux qui nous faisaient tant de mal. Aujourd'hui que l'âge a un peu accoisé les ardeurs d'antan, je sens que le bon Père avait raison. Les vrais malheureux, ce sont nos persécuteurs. Prions pour eux, car ils sont dignes de pitié.

Adieu, mon cher petit Frédéric, mon enfant bien-aimé. Vous savez : je ne voudrais pas vous donner d'orgueil... mais là, sans mentir, je suis, un brin, fier de vous.

Votre vieil ami — X. *s j.*

Frédéric au Père X.

Ker-Maria, ce 25 septembre 1901.

Mon Révérend Père. — J'espère que je puis vous donner encore ce titre, sans attirer sur vous ni sur moi les foudres du ministère de défense républicaine. Par le beau temps qui court on ne peut pourtant jurer de rien; car je ne pense pas qu'il y ait actuellement en France, dans les sphères gouvernementales, quelque chose qui soit plus rare que le sens commun.

Je ne mérite pas vos éloges, mon très aimé Père, et je m'estimerai trop heureux si je puis vous être un peu utile au milieu de la persécution qui vous frappe.

J'avoue que c'est pour moi un petit sacrifice, de dire adieu à mon chien et à mon fusil, d'autant que la saison s'annonçait magnifique. Depuis l'ouverture, j'ai démoli déjà soixante-dix perdreaux, quatre lièvres, dix cailles, un râle de genêts, huit bécassines et six ramiers. Total : 99 pièces. Voilà mon tableau de chasse, au complet.

J'espère que le carnage sera plus grand, l'an prochain, et je le souhaite surtout pour vos collèges. Ce serait la preuve que vous y seriez rentrés, que vos élèves auraient retrouvé leurs maîtres, et qu'on n'a plus besoin d'un *gâte-sauce* de ma force. Mais hélas !... nous n'en sommes pas là !

Comment, diable ! vais-je m'y prendre avec vos gamins de troisième ? Je crains de faire un four de première classe. Que ne suis-je près de vous pour recevoir vos avis et marcher sous votre direction ! J'aborderais l'*ennemi* avec beaucoup plus de confiance.

Mais j'y songe, mon Révérend Père, puisque nous ne rentrons pas avant le 6 dans la *boîte* (pardon ! c'est cette chienne d'habitude de jadis qui revient tout naturellement), puis donc que nous ne rentrons que le 6, je pourrais avancer un peu mon départ et me mettre en route, le 3 octobre. De cette façon j'aurais un jour, au moins, à passer près de vous. En quelques heures de causerie nous toucherions bien des sujets, et j'apprendrais ainsi beaucoup.

Si vous êtes libre, cher Père, ayez donc la bonté de m'envoyer un mot, ici, à Ker-Maria, où je serai jusqu'au 3. Si vous pouvez me recevoir, je file aussitôt sur Paris ; je vous accapare, dès mon arrivée, et je repars, le 5, pour N. où je serai à neuf heures du soir, la veille même de la rentrée, pour monter, le lendemain, dans le *sapin* de la troisième.

C'est drôle tout de même... Qui m'eût dit, il y a deux mois, que je serais aujourd'hui une sorte de Jésuite en robe courte ?

Avant de clore ma lettre, j'y enferme, à votre intention, une petite anecdote, cueillie, vendredi dernier, dans le quartier des halles, à Nantes, d'où j'arrive en ce moment.

C'est qu'on est belliqueux dans ce pays-là !

Songez donc que j'ai vu trois batailles, dans les rues, dans l'espace d'une demi-journée ! Les femmes, surtout, m'ont paru avoir la tête un peu bien près du bonnet.

Voici le fait. — J'aperçus, en passant sur la place de la Petite-Hollande, deux dames de la halle qui étaient en train de se chamailler ; et, ma foi, elles n'y allaient pas de main morte. Il y avait déjà eu quelques bonnes gifles échangées.

Soudain un prêtre traverse la place, portant le Saint-Viatique à un mourant. Aussitôt voici mes deux bonnes femmes qui font trêve à leur querelle et tombent à genoux, côte à côte, en se signant avec dévotion.

Je m'étais arrêté, un instant, moi aussi, pour saluer le Saint-Sacrement, et j'étais alors tout près des belligérantes.

Oh ! si vous saviez quel fou rire me prit !

Figurez-vous que j'entendis l'une d'elles dire à sa voisine, justement à celle avec laquelle elle se battait tout à l'heure : « Attends ! la Françoise ; attends, va, que mon doux Jésus *soye* passé, et tu vas voir la jolie tripotée que tu vas ramasser ! »

Jugez de la situation... moi qui pouffe si facilement ! Et, de fait, à peine le prêtre avait-il fait quelques pas, que les deux poissardes s'étaient remises en posture d'attaque.

Un sergent de ville, qui passait par là, entreprit de les séparer... Mal lui en prit ; car il reçut force horions de la part des deux adversaires réconciliées soudainement en présence de l'ennemi commun.

Pardonnez-moi tout ce bavardage, mon Révérend Père ; votre Frédéric n'a pas changé, hélas ! et l'espiègle de 1892 est encore vivant.

Priez pour moi ; priez surtout pour ma pauvre maman. Elle se montre très courageuse et tâche de me cacher ses larmes ; mais je sens que son cœur est bien gros. En voilà une sainte !.. et qui mérite bien les éloges que vous lui donnez !

Marguerite a pris l'habit, la semaine dernière. C'est maintenant *Sœur Marguerite du Saint-Sacrement*. Elle fait l'école aux petites filles, comme je vais la faire aux petits garçons, et pendant ce temps mon frère Charles exerce ses cuirassiers, de sorte que pauvre maman va demeurer seulette à Ker-Maria.

Et vous avez la bonté d'âme, encore, de plaindre Waldeck et ses complices !!!!! Vous êtes vraiment trop charitable, mon Révérend

Père. Je crois, moi, que ces gens-là ont tellement abusé des grâces du bon Dieu, qu'ils sont *inconvertissables*, et que le diable les tient déjà !

Votre bien filialement dévoué — Frédéric.

P. S. Après-demain deux ans qu'est mort notre cher papa. Un petit *memento* pour lui, s. v. p.

Paris, ce 27 septembre 1901.

Je serai ravi de vous recevoir, mon cher Frédéric. C'est une bien bonne idée que vous avez eue. Par exemple, vous ne me trouverez plus, rue de Sèvres. Il faut que je déguerpisse, le 2 octobre, au plus tard, sous peine de compromettre la sûreté de la République.

Je ne sais pas encore, au juste, où j'irai pendre la crémaillère. Dès que je serai fixé, je donnerai mon adresse à votre ami Paul S., qui vous l'indiquera.

Vous voilà bien furieux contre ce pauvre Waldeck-Rousseau !

Il est certain qu'il a fait beaucoup de mal. Il aura la triste gloire d'avoir accumulé les ruines dans notre malheureux pays — inconsciemment, je le veux bien — au plus grand profit de l'Empereur d'Allemagne et de la franc-maçonnerie, dont il sert à merveille les intérêts. Quel mobile le fait agir? Dieu le sait... En tout cas, il n'a point l'excuse d'être un passionné et de lutter pour le triomphe d'une idée, si détestable soit-elle.

Le bon Dieu, pourtant, lui avait fait bien des grâces ! Il avait des parents chrétiens ; il a été élevé dans un collège chrétien, entouré d'amis chrétiens, et il n'a guère eu que de bons exemples sous les yeux. Il y a eu de sa part, c'est bien à craindre, un énorme abus de la grâce, et, par conséquent, bien lourde est sa responsabilité. C'est justement là ce qui le rend si digne de pitié.

On me sonne : il faut que je vous quitte... à tout à l'heure.

Six heures et demie... Une bonne dame, qui n'a point du tout le style de Tacite, vient de m'expliquer si longuement une petite affaire qu'il me reste tout juste le temps d'achever mon bréviaire avant souper. Donc, à demain.

Ce 28 septembre. — Je viens à vous de grand matin, pour avoir plus de chances de n'être point dérangé.

Nous parlions, hier, de M. Waldeck-Rousseau. Je ne sais si je vous ai raconté jadis un trait fort touchant de la vie de son père. C'est bien possible. Enfin, voici ce qui se passa.

Le fait eut lieu, quelques années après la guerre franco-allemande ; mais il me serait difficile de préciser la date.

M. Waldeck-Rousseau, père, l'avocat le plus en vue du barreau de Nantes, était maire de cette ville depuis 1870. Etait-il alors chrétien pratiquant? Je le croyais jusqu'à ces jours-ci ; mais un de mes amis, qui a bien connu la famille, me disait dernièrement qu'à l'époque dont je parle M. Waldeck père, bien que sa conduite morale fût absolument irréprochable, ne remplissait pas encore le devoir pascal.

C'est pendant que M. Waldeck-Rousseau était maire de Nantes qu'arriva la mort du docteur Guépin, décédé subitement, dans un wagon de chemin de fer, entre Saint-Nazaire et Nantes. L'événement fit grand bruit ; car les Frères voulant profiter de l'occasion pour faire une manifestation anti-cléricale, avaient organisé des obsèques purement civiles.

Les catholiques nantais eurent la douleur de voir M. Waldeck-Rousseau, le premier magistrat de la ville, marcher, à une place d'honneur, près du char funèbre, et porter un cordon du poêle.

L'émotion fut très vive; car c'était un des premiers scandales de ce genre, le premier, peut-être, qui eût encore été donné dans la catholique cité bretonne, où M. Waldeck était fort connu et universellement estimé.

Il a déclaré plus d'une fois, après sa conversion, qu'il croyait avoir agi, dans cette affaire, selon les lumières de sa conscience. « Si j'assiste à la cérémonie, se disait-il, il y aura certainement scandale; mais, si je décline l'invitation, je ne serai pas réélu, et on nommera à ma place un ennemi de la religion. »

Il regrettait bien, ajoutait-il, de n'avoir point songé, dans une conjoncture aussi grave, à consulter l'évêque de Nantes, Mgr Fournier, qu'il connaissait particulièrement.

Oubli fort regrettable, à coup sûr. Le prélat lui eût dit, bien certainement, que dans la circonstance le devoir était clairement tracé;

qu'un chrétien ne peut, sous aucun prétexte, coopérer formellement à un acte impie, et que l'abstention s'imposait absolument.

M. Waldeck-Rousseau ne consulta point, et, de bonne foi — je n'ai point le droit d'en douter — suivit le cortège.

Il fit plus encore, et, devant une foule nombreuse, il prononça un discours sur la tombe du docteur Guépin.

Le scandale fut immense, vous le comprenez sans peine.

Peu de temps après, M. Waldeck tombait, frappé d'une attaque de paralysie, qui lui laissa pourtant toute sa connaissance.

Comprenant l'imminence du péril, il demanda aussitôt les derniers sacrements et ne songea plus qu'à se préparer à bien mourir. A la lumière de l'éternité, il conçut un très vif regret d'avoir donné aux fidèles un si pernicieux exemple et se sentit pressé du désir de réparer sa faute en manifestant publiquement son repentir.

Quand le Saint-Viatique lui fut apporté, *ostensiblement*, comme c'est encore, Dieu merci, la coutume, au pays de Bretagne, il ordonna qu'on ouvrit toutes grandes les portes de l'appartement et celles de sa chambre, et qu'on laissât entrer toutes les personnes qui avaient accompagné le Saint-Sacrement.

Puis, comme il ne pouvait plus parler qu'à grand'peine, il pria son confesseur, le Père Hus, de la Compagnie de Jésus, de demander pardon, en son nom, pour le mauvais exemple qu'il avait donné à la ville de Nantes, et ce courageux acte de foi, qui réparait pleinement le scandale, remplit de joie tous les catholiques.

Je pense bien que René Waldeck-Rousseau, le futur ministre, était présent à cette scène. C'est plus que probable. En tout cas, il est impossible qu'il n'ait point connu ce qui se passa dans la chambre de son père agonisant, et ce souvenir est de ceux qu'on n'oublie jamais.

Cependant M. Waldeck se rétablit un peu, et après quelques semaines il essaya de se remettre aux labeurs accoutumés. Mais, si l'intelligence n'avait rien perdu de sa lucidité et de sa vigueur, la paralysie avait laissé dans l'organisme des traces cruelles que nul art humain ne pourrait guérir. Quand il reparut au Palais et reprit la parole dans cette enceinte, où il avait remporté de si beaux triomphes, ce fut pitié d'entendre balbutier, comme celle d'un enfant, cette bouche, hier encore si éloquente, que les jeunes maîtres du barreau nantais écoutaient jadis avidement pour se former à l'art de bien dire.

Ce fut pour le grand orateur une cruelle épreuve. Dans l'espace de quelques mois sa clientèle se dispersa. C'était l'humiliation, et aussi la gêne, au foyer.

M. Waldeck supporta l'épreuve avec un admirable courage, et sa fidélité à la grâce le fit marcher, à grands pas, dans la voie de la sanctification. Il donna dès lors l'exemple d'une admirable piété. On le voyait s'approcher fréquemment des sacrements de Pénitence et d'Eucharistie, faire avec une ardente dévotion le chemin de la Croix, et prier, tous les jours, avec une ferveur visible, dans la chapelle des Pères Jésuites, que les décrets de 1880 allaient fermer bientôt.

Le jour où les religieux furent expulsés, l'ancien maire de Nantes, alors bien près de sa fin, et déjà tout épuisé, tint à honneur de protester, en personne, contre la violation de la liberté. Quand les Pères sortirent de leur maison, il offrit son bras au Révérend Père D., l'un des proscrits, et, tête nue, dans l'attitude du plus profond respect, il le conduisit dans sa demeure.

Non, encore un coup, de pareils souvenirs

ne s'oublient pas, et je me persuade qu'à certaines heures plus tranquilles, quand le tumulte des affaires s'est apaisé, ils pèsent lourdement sur la conscience de M. le Président du Conseil.

Il doit revoir aussi, dans la mémoire de son cœur, l'image chérie d'une pieuse mère, d'une mère tendrement aimée, sortie de ce monde avant lui, et pour laquelle il avait, je ne l'ignore pas, un véritable culte.

Combien souvent cette pure et noble figure s'est-elle penchée sur son chevet, triste... et compatissante aussi. Car, si elle pleure sur les victimes de son fils René, elle pleure encore plus sur l'endurcissement de son cœur.

Et puis, il est une pensée qui torture cruellement, à certaines heures, les persécuteurs du peuple chrétien : la pensée du temps qui s'enfuit et de la mort qui accourt.

Ils ont beau s'étourdir eux-mêmes pour se procurer la sensation factice de la jeunesse et de la vie, voyager en train spécial, sillonner les flots sur un yacht rapide, ou conduire à toute vitesse une automobile, pour se donner l'illusion d'une activité personnelle ; puis, au retour de ces voyages enchantés, se replonger fiévreusement dans le tumulte des affaires pour y trouver enfin l'oubli d'eux-mêmes, cette paix qu'ils cherchent « et qui les fuit toujours », ils ne peuvent s'empêcher de sentir que le temps vole et qu'avec lui leur vie s'écoule, plus rapide encore que leur course à travers le monde.

Prions, Frédéric, afin que le remords pénètre leurs âmes, non pour les enfoncer plus profondément dans le mal, mais pour leur ouvrir enfin les yeux et leur faire reconnaître la perversité et l'inanité de leurs desseins contre Jésus-Christ et son Église. Alors ils imploreraient le pardon de Dieu, et ils l'obtiendraient de la divine miséricorde, qui ne veut pas la perte du pécheur, mais sa conversion et son salut.

Adieu, adieu ! où ma pensée, où mes souvenirs m'ont-ils emporté ? Ne manquez pas de venir ; je vous attends avec impatience. Votre vieil ami — X. *s j.*

Frédéric au Père X.

N. ce 10 octobre 1901.

Mon Révérend Père. — Cela marche à peu

près, jusqu'à présent... Directeur, collègues et enfants m'ont fait bon accueil et m'ont produit une excellente impression. Mais je suis, tout de même, bien ahuri, et je ne me trouve point encore dans mon assiette. Notre bonne causerie de l'autre jour m'a été vraiment utile en m'éclairant sur bien des points. Voici la route un peu déblayée. Mais que de choses obscures encore! Et que je serais heureux de vous avoir près de moi pour me guider!

Voulez-vous, très aimé Père, avoir la grande bonté de m'écrire souvent et *longuement?* Vous me feriez un petit cours de pédagogie pratique. Je sens parfaitement que j'abuse de votre bonté; mais je la connais de longue date, et j'ose y compter toujours. Et puis nous sommes si loin l'un de l'autre, que c'est tout au plus si je pourrai vous voir une minute, en passant, quand viendront les vacances de Pâques.

Adieu, mon Révérend Père; excusez, je vous prie, ces quelques lignes écrites à la diable. Mes copies d'hier ne sont point corrigées; l'ouvrage abonde, et je me sens débordé. Votre fils respectueusement dévoué — Frédéric.

Le Père X. à Frédéric.

Paris, ce 12 octobre 1901.

Oui, mon cher enfant, vous avez raison de compter sur mon bon vouloir à votre endroit. Soyez sûr, d'ailleurs, que tout ira bien. Vous rencontrerez, sans doute, au début, quelques difficultés : c'est inévitable. Mais je vous connais, et je suis certain que vous ferez très vite un excellent professeur. Je ne vous souhaite pourtant pas — pour de bonnes raisons — que ce soit *ad multos annos*.

En tout cas ne craignez jamais de me déranger; ce sera toujours un vrai plaisir pour moi de vous venir en aide.

Va donc pour un petit cours de pédagogie ! Je vous écrirai, toutes les semaines; le dimanche, de préférence; car, ce jour-là, je suis plus libre. Je ne m'astreindrai point à suivre un ordre méthodique. Je vous dirai ce qui me viendra à l'esprit, simplement et bonnement, *à la bonne franquette*, quitte à tomber dans quelques redites. Et vous, prenez la même liberté dans vos lettres. « N'essayez pas d'en faire des pièces d'éloquence ».

Nous imiterons Montaigne, qui nous dit qu'il n'a point d'autre « sergent de bande à ranger ses pièces, que la Fortune », et qu'il entasse ses rêveries, au fur et à mesure qu'elles se présentent.

Toutefois, pour garder un semblant d'ordre dans nos entretiens, et pour ne point tout embrouiller, nous parlerons d'abord, si cela vous va, de l'*éducation*. C'est d'ailleurs, n'est-ce pas, ce qui presse le plus? Puis nous en viendrons à ce qui concerne l'*enseignement*.

Tout professeur est aussi éducateur. Vous devez donc envisager vos fonctions à ce double point de vue. D'ailleurs je parierais volontiers que vous ne serez pas seulement chargé d'une classe, et que votre bonne volonté sera mise à contribution, dès le début de l'année, pour quelque emploi de surveillant.

Dans une bataille, quand les balles et les obus ont fait des vides, il faut bien serrer les rangs, et que chacun combatte pour deux ou pour trois.

Je n'oublie pas, bien sûr, de prier pour vous et pour vos enfants. Votre vieil ami — X. *s j.*

Paris, ce 20 octobre 1901.

Nous commencerons donc aujourd'hui nos entretiens familiers, mon cher Frédéric, puisque vous estimez que ces causeries à distance pourront vous être utiles. Daigne Notre-Seigneur les bénir et en tirer sa gloire.

Je n'ai jamais eu d'attrait pour la facile besogne de prêcher un converti, autrement dit... d'enfoncer une porte ouverte. Je ne me mettrai donc point en peine de vous prouver qu'un éducateur chrétien, professeur ou surveillant, doit avoir en vue, sur toutes choses, le bien moral et spirituel de ses élèves.

Il ne s'agit point pour vous, bien entendu, de pénétrer dans leur conscience pour la diriger pratiquement. Ceci est proprement la mission du confesseur, et, en thèse générale, lui seul a grâce d'état pour la remplir. Mais, pour n'agir qu'indirectement, le professeur et le surveillant chrétiens n'en ont pas moins une influence immense et très souvent décisive sur le cœur et l'esprit de l'enfant.

Le préserver des périls qui menacent sa foi

ou ses mœurs, en écartant de lui, autant que possible, particulièrement à l'heure critique de l'adolescence, les occasions de faillir; surtout donner à son caractère, à sa volonté, l'énergie, la virilité chrétienne qui ne se trouble point en face du péril et sait qu'il faut combattre pour vaincre; profiter des occasions qui se présentent si souvent, au temps de la récréation comme aux heures d'étude, pour élever son âme et son cœur, en lui faisant estimer et aimer ce qui est noble, ce qui est généreux, ce qui est beau, haïr et mépriser, au contraire, tout ce qui avilit, tout ce qui abaisse, tout ce qui est mal : voilà votre mission, mon cher Frédéric, et cette mission, bien comprise et bien remplie, vous donnera sur vos enfants une action puissante qui sera même, la plupart du temps, plus profonde, et plus durable aussi, que celle du confesseur lui-même.

Et cela se comprend sans peine. Le directeur de conscience ne peut exercer son influence qu'à des intervalles assez rares et pendant un temps souvent trop court. Entre le maître et l'élève, au contraire, s'établit un contact de tous les jours, et, pour ainsi dire, de toutes les heures.

Les idées du maître, ses appréciations, ses

impressions, sympathiques ou antipathiques, externées de mille façons sans même qu'il s'en doute, tombent, en quelque sorte, goutte à goutte, pendant des jours, des mois, des années, sur de jeunes esprits, qui, comme une cire vierge, reçoivent avec une incroyable facilité la marque originelle qu'on leur imprime, et la gardent d'autant plus nette et durable que l'action éducatrice a été plus forte et constante.

C'est que tout maître est toujours plus ou moins apôtre, en ce sens qu'il tend constamment, consciemment ou non, à faire accepter par ses disciples ses idées, ses sentiments, ses manières de voir.

Le professeur absolument neutre n'existe pas, ou alors l'individu qu'on appelle ainsi ne mérite aucunement son nom. Autant placer un phonographe devant les élèves et faire déclancher l'appareil. Il suffit d'un larbin pour le manœuvrer.

Tout maître, comme tout orateur, se propose une conquête à faire, celle des esprits qu'il doit convaincre et persuader, et, chaque jour, sans y songer, et comme d'instinct, il pousse les travaux d'approche.

Voilà pourquoi — et cette vérité est tout à la fois bien triste et bien consolante — l'impression que l'éducation produit sur l'âme de l'enfant est presque toujours ineffaçable.

Les ennemis de Dieu le savent bien, et c'est pour cela qu'ils luttent avec la dernière énergie pour supprimer l'enseignement chrétien.

Ils ont compris que pour déchristianiser la France il leur faut, de toute nécessité, s'emparer de l'enfant dès l'âge le plus tendre et tuer la foi dans son âme. S'ils y réussissent, ils sont sûrs du succès final; car les jeunes générations, élevées par de tels maîtres, apporteront, chaque année, à la société française un afflux toujours grossissant de citoyens impies, d'hommes sans Dieu, affranchis, depuis leur enfance, de toute idée religieuse.

Alors la France chrétienne aura vécu.

Mais pour obtenir ce résultat il faut d'abord supprimer l'éducateur chrétien et le remplacer par l'éducateur athée, et c'est à quoi la franc-maçonnerie travaille, tous les jours, avec une rage satanique.

Un Père que vous connaissez bien, rappelait, ce matin, devant moi, un souvenir de sa petite enfance.

« Un jour, me dit-il, — j'avais alors six ou sept ans — j'étais allé à la promenade avec ma mère qui me tenait par la main. Soudain nous croisâmes un homme dont les traits sont restés gravés profondément dans ma mémoire. Je me rappelle encore ses yeux durs et mauvais, et le singulier regard qu'il jeta sur moi en passant, regard qui me causa une étrange impression de malaise et de terreur.

« Ma mère, instinctivement, m'avait serré contre elle et s'était écartée d'un mouvement brusque, m'entraînant vivement de l'autre côté de la rue.

« Etonné, je me retournai, suivant des yeux l'inconnu qui avait passé son chemin.

« Est-ce que ce monsieur-là est méchant? » dis-je à ma mère.

« Elle resta, quelques instants, sans répondre; puis, d'une voix que l'émotion faisait trembler: « Mon cher enfant, dit-elle, tu comprendras un jour pourquoi la vue de cet homme m'a fait tressaillir. Je le connais de réputation. C'est un maître d'école athée, c'est-à-dire qui ne croit pas au bon Dieu, et qui veut rendre ses élèves impies comme lui-même. L'autre jour, ajouta-t-elle, il disait à quelqu'un qui me l'a rapporté: *Quand on remet un enfant entre mes mains, je commence par lui ôter la foi en Dieu. Ceci fait, je suis assuré d'en faire ce que je voudrai.* — Et ma mère reprit: « La pensée que tu pourrais tomber un jour au pouvoir d'un pareil homme m'a donné un coup si fort au cœur que j'ai bondi, t'entraînant après moi comme s'il allait te saisir et t'emmener... C'est que, dit-elle encore d'une voix serrée par l'émotion, j'aimerais mieux te voir mort et couché au cercueil qu'entre les mains de cet homme-là! »

« Le trouble de ma mère, le tremblement qui l'avait saisie, les larmes que je vis, un instant, briller dans ses yeux, me causèrent une impression salutaire en frappant vivement mon esprit et mon cœur.

« Le bon Dieu me fit une grande grâce, ce jour-là; je sentis dès lors, sans bien comprendre encore pourquoi, que la perte de la foi est le plus grand de tous les malheurs. »

Pardonnez-moi cette petite digression.

Nous disions, mon cher Frédéric, que le professeur neutre, l'école neutre sont des mots vides de sens, et que toujours, consciemment ou non, le maître sort de la neutralité pour affirmer ses convictions.

Admettons même, j'y consens, qu'il y ait des maîtres qui puissent rester neutres et distribuer leur enseignement sans prendre parti pour la religion ni contre elle. Ne voyez-vous pas que cette simple neutralité, si en vogue à présent, dans certains milieux, et dont tels et tels catholiques semblent parfois trop disposés à se contenter, ne voyez-vous pas que cette neutralité est par elle-même un blasphème, et aussi une injustice envers l'enfant?

Un blasphème. — Car, Notre-Seigneur l'a dit : « Celui qui n'est pas avec moi est contre moi. » Donc le maître neutre, qui n'est pas avec Dieu, puisqu'il le passe sous silence, est, en réalité, contre Dieu, comme celui qui enseigne qu'il n'existe pas. L'école neutre, l'école sans Dieu, est donc l'école contre Dieu.

Mais cette neutralité est aussi une *injustice* envers l'enfant.

La fin de l'enfant, comme celle de l'homme fait, le but de sa vie mortelle, c'est d'aller au ciel, de sauver son âme. Et vous ne lui en parlez pas!

Vous faussez, par conséquent, à l'heure essentielle de sa formation, à l'heure décisive de sa vie, cette éducation que vous prétendez lui donner, puisque vous dérobez précisément à ses yeux ce pour quoi il est au monde, la raison même de son existence ici-bas!...

Et c'est à vous, Frédéric, que j'écris cela, après avoir proclamé que je n'étais pas un enfonceur de portes ouvertes! Comme on se contredit! Insensiblement j'ai oublié que je m'adressais à vous, et je parlais, sans m'en rendre compte, à tant de parents bien intentionnés, sans doute, mais qui, malheureusement, ne comprennent pas l'immensité du péril qu'ils font courir à leurs enfants en les confiant à des maîtres sans foi.

Et dire que j'avais pris la plume pour répondre aux deux questions que vous me posiez dans votre dernière lettre! Non, il n'est pas permis de s'écarter ainsi de son sujet! *Mea culpa!*

« Faut-il, me disiez-vous, me montrer bon ou sévère? — Comment dois-je m'y prendre pour acquérir une vraie autorité sur mes élèves? »

Impossible, pour aujourd'hui, de vous répondre; il est trop tard. Mais ce n'est que partie remise, et dans ma prochaine lettre je ne laisserai point ma plume folâtrer ainsi, la bride sur le cou, du moins, je l'espère. *Errare, humanum est; perseverare, diabolicum.*

Dans huit jours, je pense, je vous donnerai satisfaction. A vous, de cœur. — X. *s j.*

Paris, 26 octobre 1901.

Mon cher Frédéric. — Hier soir, vers cinq heures, votre ami Paul S. accourait, tout effaré, m'annoncer une visite domiciliaire pour ce matin. A peine était-il parti, me laissant la puce à l'oreille, qu'arrivait, tout essoufflée, une petite ouvrière, envoyée par sa maîtresse d'atelier pour me donner le même avis; puis ce fut un vieux monsieur très sourd, qui criait, à tue-tête, dans l'escalier : « Il paraît, mon Révérend Père, que c'est pour demain; je le tiens de M. X. employé à la préfecture de police. » — Une seconde après, c'était la bonne madame Y. qui venait, en larmes et tout affolée, m'offrir un asile plus sûr ; puis deux bonnes chargées de me remettre en mains propres des billets *très pressés*, qui confirmaient la fameuse nouvelle.

Six avis m'arrivant de directions toutes différentes... Il y avait certainement quelque chose dans l'air. *All right!* Quand le bon Dieu voudra... Je n'ai rien à perdre ni rien à cacher. J'ai là un vieux fauteuil à offrir à M. le commissaire de police, et deux ou trois escabelles pour ses agents. Pauvres agents! L'un d'entre eux me disait, hier, qu'il aimerait cent fois mieux ramasser le crottin derrière les voitures que faire un pareil métier... Ma foi, je comprends ça.

Cependant la vieille madame Y. restait, restait toujours, assise dans le fauteuil du commissaire, et s'affolait de plus en plus.

« Mais, mon Révérend Père, on va peut-être vous mettre en prison, vous faire passer en cour d'assises! — Eh bien! Madame, je n'en serais pas trop fâché. — Pas trop fâché! gémit mon interlocutrice..... Oh! mon Dieu! ces pauvres bons Pères!... les voyez-vous?... — Croyez bien, Madame, que M. Waldeck-Rousseau n'est pas assez naïf pour commettre une gaffe de ce calibre. Peut-être laissera-t-il faire ces sottises-là par quelque intérimaire plus violent et moins avisé; mais il est, lui, trop bien élevé pour opérer lui-même et mettre la main à une besogne aussi peu distinguée. Il se réservera le rôle du singe, qui regarde le chat tirer les marrons du feu. Je ne vois pas encore le chat; mais je crois qu'il va paraître bientôt. — Mais, mon Révérend Père, ne croyez-vous pas qu'il serait prudent, tout de même, de revêtir un déguisement? Vous auriez un vêtement laïque, là, sous la main... Ce serait plus sûr, et nous serions plus tranquilles. Voulez-vous que je vous envoie le tailleur de mon mari? — A quoi bon, Madame? Quelques-uns de nos Pères, en 1880, ont bien essayé de se déguiser; mais, cela, croyez-moi, nous réussit assez mal. Et puis, à mon âge, vous savez... je répugne à me mettre en carême prenant. Pourtant, s'il le fallait absolument, je ne dis pas; mais, pour l'instant, n'y songeons point. — Ainsi, mon Révérend Père, il n'y a vraiment rien à faire pour vous? — Non, Madame, rien du tout, qu'à prier le bon Dieu. — Ah! mon Père, qu'on a dû vous faire perdre de temps aujourd'hui! Quelques-unes de ces dames sont si longues!

— La patience est une vertu, Madame.

Madame Y. partit enfin, et le calme se fit dans mon petit appartement.

« Et dire, pensais-je, en me promenant dans ma chambrette, dire qu'entre ces quatre murs je constitue un danger pour la République! Pauvre République... je ne me doutais tout de même pas qu'elle fût fragile à ce point-là! »

J'ai passé une bonne nuit, meilleure, je crois, que celle de nos persécuteurs.

Ce matin, pendant ma méditation, j'ai entendu

carillonner, deux ou trois fois, à la porte ; ce qui m'a procuré quelques distractions, involontaires, j'espère bien.

Au premier coup de sonnette, le vieux Julien, mon factotum, qui embellit ma solitude de ses soins et de ses sourires, vint, au saut du lit, et tout hérissé, frapper chez moi. « Entrez » m'écriai-je, avec un peu d'émotion. — C'est peut-être *eusse !* mon bon Père, fit-il en entr'ouvrant la porte — Qui ça, *eusse* ? — Les *gabelous* ! »

Il faut vous dire que le brave Julien a été contrebandier, au temps jadis, qu'il a eu parfois des rapports plutôt aigres avec la douane, et qu'il voit maintenant des douaniers partout. Ceux-ci représentent, à ses yeux, l'ennemi par excellence, le mal incarné.

Un jour qu'en sa présence je parlais avec quelque énergie du rôle de Waldeck-Rousseau, « Satané gabelou, va ! » s'écria-t-il avec indignation.

« Et si c'est *eusse* ? — reprit Julien — qu'est-ce qu'il faudra leur faire ? — Leur fermer la porte au nez, répondis-je ; il est encore nuit, et on n'a pas le droit d'entrer, à cette heure-ci, chez les gens. »

Et pendant que Julien allait ouvrir, « Je me

suis avancé beaucoup, me disais-je intérieurement. Ce que je viens d'affirmer est peut-être vrai chez les naturels de la Papouasie, où la déclaration des *droits de l'homme* n'a pas encore pénétré; mais chez les Français de la troisième république, qui ont fait tant de glorieuses révolutions pour avoir la liberté, l'inviolabilité du domicile n'est peut-être point aussi assurée. »

Cependant Julien, qui était allé ouvrir, rentrait, tout joyeux, dans ma chambre.

« Mon Père, fit-il d'un air épanoui, c'est pas les *gabelous*, c'est la Margot. »

Margot, c'est la bonne femme qui nous apporte deux sous de lait, tous les matins.

« Allons, tant mieux ! répondis-je de mon air le plus aimable; alors va-t'en, et laisse-moi prier le bon Dieu, si c'est possible ce matin ». — Et je me remis en prière.

Mais j'avais peine à repousser les distractions.

« Quel bon chien de garde, tout de même, que ce vieux Julien, me disais-je; et qu'il a bien le physique de l'emploi ! » — et, un moment après — à propos, il faudra tout de même que je me procure un chien de garde. Par le temps qui court, ce serait prudent !

Et soudain j'éclatai contre moi-même. « Allons ! quelle idée stupide ! » et je tâchai de me replonger dans les pensées pieuses. Mais baste! au bout d'un instant je cherchais laborieusement s'il vaudrait mieux choisir un chien des Pyrénées ou un chien du mont Saint-Bernard... Et comment faudra-t-il l'appeler?... La Brie? — non, ce sont les chiens de berger qui s'appellent comme ça. Alors, quoi? Azor? Sultan? Milord?... Tonnerre de Brest! pas moyen de renvoyer ces chiennes de distractions. Voyons: reprenons tout bellement notre oraison, si c'est possible... D'ailleurs le Père Provincial ne me permettrait jamais d'avoir un chien! Il a l'air de ne pas aimer beaucoup les chiens, le Père Provincial...

« Si le juge d'instruction lisait dans mon cœur, me dis-je alors, il aurait certainement la preuve que je n'ai point renoncé à mes vœux de religion et qu'un lien très fort m'unit encore à mon supérieur, puisque je ne puis pas, à mon âge, me passer, sans sa permission, la fantaisie d'un chien... d'un chien! cet ami de l'homme. Car enfin, Toussenel l'a dit : « Quand Dieu nous vit si faibles, il nous donna le chien. »

« Ah! je comprends bien, à présent, l'immoralité des vœux! On ne peut pas légitimement renoncer à l'amitié, même à celle d'un chien, parce que *c'est un bien qui n'est pas dans le commerce*... comme dit élégamment le Président du Conseil.

— Sapristi ! décidément il est écrit qu'aujourd'hui je n'aurai que des distractions. Voyons ! remettons-nous en position ! »

Mais j'avais beau me débattre et me gourmander moi-même, ce malheureux chien revenait toujours, et toute ma méditation se passa ainsi à livrer bataille.

Cinq heures. La nuit est tout à fait venue ; décidément *les gabelous* ne viendront pas aujourd'hui. J'ai au moins quelque répit jusqu'à lundi matin, et je reviens à vous, mon cher Frédéric.

« Faut-il, me disiez-vous, me montrer sévère ou brave homme ? » Mon cher, je ne vous répondrai qu'un mot : *Soyez vous-même,* c'est-à-dire soyez naturel. Tous les genres sont bons, avec les enfants, quand on est simple, quand on ne cherche pas à se faire ce qu'on n'est point, à prendre une attitude, un personnage d'emprunt.

Vous êtes naturellement ouvert, prime-sautier, franc d'allures. Restez ce que vous êtes, et ne cherchez pas à prendre un genre différent, à vous mettre dans la peau d'un autre. N'essayez pas de vous faire grave, compassé, solennel. Le masque ne tiendrait pas longtemps; *violentum non durat*, vous le savez bien. « Chassez le naturel, il revient au galop. » Vous vous échapperez bien vite, et les enfants, qui sont très habiles à reconnaître chez leur maître le défaut de la cuirasse, auront tôt fait de vous percer à jour, et alors il n'est pas de tours qu'ils ne cherchent à vous jouer.

Supposons, au contraire, un homme naturellement froid et réservé... Qu'il reste ce qu'il est... sans rien exagérer pourtant. Il pourra facilement se rendre maître de ses élèves en conservant cette attitude. S'il voulait en sortir et se donner *l'air bonhomme,* il mettrait certainement à côté et dépasserait très vite la mesure. Son autorité s'effondrerait du coup, et sa classe ou sa division offrirait bientôt une trop fidèle image de la cour du bon roi Pétaud.

Celui qui veut sortir de son naturel devient infailliblement emprunté et ridicule.

Il est très vrai pourtant qu'il faut savoir garder sa dignité et ne se départir jamais d'une certaine réserve toujours nécessaire. Vous êtes le père et le maître de vos élèves, mais point du tout leur camarade. Il ne faut pas l'oublier vous-même, ni permettre qu'on l'oublie.

Beaucoup de jeunes surveillants se livrent trop, et perdent, du premier coup, leur autorité, sans grand espoir de la reconquérir, au moins dans le même collège. Une sage réserve est surtout nécessaire aux jeunes gens; et tout particulièrement au début de l'année.

Mieux vaut être plutôt assez sévère en commençant (sans exagération toutefois); par la suite il sera toujours facile de rendre un peu les rênes.

Mais allez donc les serrer, quand vous avez d'abord été faible !! Les enfants ont reconnu votre point vulnérable ; ils ne l'oublieront pas, et ne lâcheront point prise, pas plus que la sangsue du bon Horace, *haud missura cutem, nisi plena cruoris, hirudo.*

En résumé, mon cher Frédéric, je vous dirai : soyez bon, sans être *bonasse*, et, sans affecter la sévérité, montrez-vous ferme, très ferme même, à l'occasion. C'est par là que vous établirez votre autorité. Et nous arrivons justement à votre seconde question : « Comment faire pour avoir de l'autorité ? »

Si vous voulez, nous remettrons l'affaire à demain ; car nous pouvons dire en toute justice avec notre vieux Virgile : *Claudite jam rivos pueri ; sat prata biberunt.* A demain.

Lundi 28 octobre. — Personne n'est venu ! Décidément le gouvernement n'a plus peur de nous... et, à l'heure qu'il est, le ministère doit être sauvé. *Deo gratias !*

Revenons donc à notre propos.

La simplicité, le naturel, avec une certaine réserve qui toujours s'impose, contribueront déjà beaucoup à établir votre autorité.

La raison en est que la simplicité vraie, qui est toujours éloignée du ridicule, échappe, par là même, aux moqueries des enfants et à leurs critiques. Vous avez ainsi, dès l'abord, brisé entre leurs mains l'arme qui fait toute leur force.

Mais s'il faut être *naturel* dans vos allures, il faut tâcher d'être toujours *surnaturel* dans vos intentions, c'est-à-dire d'être et de paraître, toujours et en tout, aux yeux des enfants, l'homme du devoir, de la règle, de la discipline. Si vous vous placez sur ce terrain, ils auront très vite conçu de vous une haute estime, et ils vous le prouveront bientôt par leur obéissance et leur respect. Les mauvais élèves eux-mêmes compteront avec vous, parce qu'ils sentiront en vous une force, et une force provenant d'un principe supérieur, une force qui n'a rien de personnel et d'humain, et qui, par conséquent, n'est point soumise aux variations de l'humeur et du caprice. Ils comprendront qu'ils ont devant eux, et au-dessus d'eux, une autorité qui s'impose, c'est-à-dire un homme décidé à faire son devoir toujours et à l'exiger de chacun comme de lui-même.

La plupart du temps, quand les enfants ont senti qu'ils ont à leur tête un homme de cette trempe, ils n'ont même pas l'idée de discuter ses décisions.

Un jeune maître se figure trop facilement qu'un moyen très efficace d'acquérir de l'autorité, est de se rendre populaire. Ce désir, s'il n'est réprimé, le mènera très vite à flatter les caprices des élèves, et particulièrement des moins bons, aux dépens de la discipline. Il aura des sourires indulgents pour les accrocs faits à la règle, insinuera discrètement que, pour sa part, il ne tient pas tant à toutes ces minuties. Il sait parfaitement, dira-t-il, qu'il a affaire à des jeunes gens, à des hommes, qu'il se garderait bien de vouloir mener comme des enfants.

Il réservera ses faveurs, les marques de confiance et d'estime aux élèves les moins sûrs, les plus mal notés, et affectera volontiers de traiter de haut les meilleurs enfants, comme si leurs antécédents et leur bonne réputation n'avaient aucune valeur à ses yeux.

Sans doute c'est aux bons élèves à donner l'exemple, et il ne faut point qu'ils puissent compter sur des passe-droits. Mais affecter publiquement de les mettre au-dessous des autres et de leur tenir rigueur, c'est une injustice et, en même temps, un très mauvais calcul.

Dans les premiers jours, pourtant, les choses paraîtront aller à merveille. Les bons élèves, habitués à la discipline, continueront à marcher droit, par conscience, et en vertu de la vitesse acquise, bien qu'attristés et froissés de se voir l'objet d'une sorte de dédain de la part de leur maître. Les mauvais, se sentant appuyés et en passe de devenir le *gouvernement*, n'auront que des sourires et des flatteries pour celui qui leur fait la part si belle.

C'est l'époque de la lune de miel... Mais que le déclin de cet astre charmant est souvent près de son lever !

Cependant le bon jeune homme se frotte les mains et se sait fort bon gré de sa finesse et de la politique de génie dont il se croit l'inventeur. Hélas ! cette politique-là remonte, dans l'histoire de l'humanité, au premier gouvernement faible ; c'est dire qu'elle est presque aussi vieille que le monde.

Mais notre jeune maître n'a pas vécu, et il se figure naïvement qu'il a découvert l'Amérique.

Les mauvais élèves le mèneront plus vite et beaucoup plus loin qu'il ne veut aller, et quand il sentira la nécessité de faire machine arrière, c'est-à-dire de contrarier leurs caprices, il entendra de tels *tolle,* il se heurtera à des dispositions tellement hostiles, de la part de ceux qu'il croyait avoir pour toujours conquis, qu'il constatera, du coup, mais un peu tard et à ses dépens, qu'un collège est un petit monde, qui contient en germe toutes les passions du grand.

Que fera-t-il alors ? Il a éloigné de lui les bons élèves pour flatter les mauvais ; ces derniers, qui ne le suivaient que par calcul et par intérêt, lui résistent en face, depuis qu'il a entrepris de combattre leur égoïsme. Il a réussi, le malheureux, à mettre contre lui tout le monde.

Instruit par cette rude école, il se pourra faire qu'il change de méthode et réussisse parfaitement plus tard ; mais il est bien difficile, à moins qu'il ne soit doué d'une rare énergie, qu'il puisse reprendre pied sur le même terrain.

Fuyez, comme la peste, cette passion de la popularité.

Soyez bon et ferme avec tout le monde. Exigez vigoureusement de tous l'observation de la règle, et soyez le premier à en donner l'exemple. Si vous suivez fidèlement cette ligne de conduite, je vous garantis que votre classe ou votre division marchera très bien.

Soulignez, mon cher Frédéric, la remarque qui va suivre : elle est de la dernière importance.

Soyez toujours charitable envers vos collègues, surtout en présence des élèves. Ne parlez jamais de ces Messieurs qu'avec beaucoup de respect et d'estime. Si vous commettiez la faute de vous moquer d'un collègue, de parler de lui de façon peu avantageuse, de critiquer son genre et surtout sa conduite, en un mot de le dénigrer tant soit peu, les enfants vous écouteraient sans doute avec beaucoup d'intérêt, c'est très exact ; mais si vous saviez comme ils jugent sévèrement cette attitude ! Ont-ils d'ailleurs si grand tort?

Et puis, vous pouvez être certain que le collègue en question apprendra bien vite que vous avez parlé sur son compte. Il y a toujours des langues charitables pour se faire un devoir, sous couleur d'éclairer les gens, de répéter de tels propos, qui, redits de cette façon, paraissent toujours beaucoup plus offensants qu'ils n'étaient en réalité. Et ceci contribue étrangement, vous devez bien l'imaginer, à faire régner dans l'établissement la charité et la paix !

Que dire, si les critiques s'adressaient aux supérieurs eux-mêmes et au gouvernement de la maison ! Et pourtant, si l'on ne se surveille pas énergiquement, il est très facile de s'échapper sur ce point.

Lisez et méditez ce que l'apôtre saint Jacques nous dit du mal causé par la langue. Il ne craint pas de l'appeler *universitas iniquitatis.*

Enfin, mon cher Frédéric, un des moyens les plus efficaces pour obtenir une véritable autorité sur vos enfants, c'est d'être *juste,* en tout et toujours.

Nous parlerons, dimanche prochain, de ce point très important. Amitiés. — X. *sj.*

Paris, ce 3 novembre 1901.

Mon cher Frédéric, je vous disais, l'autre jour, que pour acquérir une véritable autorité sur les enfants, il faut tâcher d'être toujours juste. Evidemment, grâce à Dieu, vous ne serez jamais injuste *sciemment*; mais il pourra vous arriver de commettre, sans vous en douter, et, par conséquent, sans aucune faute devant Dieu, des injustices matérielles. Les écoliers, sur ce point-là, sont très sévères, et il est bien rare qu'ils reviennent de leur première impression sur le compte d'un maître qui leur a infligé une punition imméritée, surtout s'il y avait quelque apparence — sans aucune réalité, je le veux bien — que l'injustice eût été voulue.

Ils admettent qu'on soit sévère, très sévère même, à l'occasion. Ils comprennent qu'un professeur s'emporte, sur le moment, et les gratifie d'un savon de première classe, pourvu que, l'incident clos, l'affaire ne revienne plus sur le tapis. L'enfant, encore un coup, accepte sans trop de peine qu'on le mène parfois assez rudement — quitte à envoyer lui-même au diable, intérieurement, le professeur ou le surveillant qui serrent un peu fort la vis. — Il subira même un châtiment peut-être excessif, sans conserver trop de rancune, à condition de pouvoir se dire : « Monsieur X. ou le Père Y. est en colère; mais tout à l'heure il n'y paraîtra plus. Il ne m'en voudra pas; ce sera fini. »

J'ai éprouvé maintes fois que l'écolier ne se décourage pas, d'ordinaire, pour être ainsi traité, à moins que la sévérité de la punition ne dépasse vraiment les bornes. Mais ce qui l'exaspère, ce qui le met hors de lui, ce qui amasse dans son cœur des rancunes qui vont parfois jusqu'à la haine véritable [1], c'est de se sentir mal noté, soupçonné, poursuivi pendant des jours, des semaines, quelquefois des mois, pour des fautes passées et dont il a déjà reçu la punition. Et peut-être le maître sera persuadé qu'il agit très justement, parce qu'il n'a pas su remarquer le changement d'attitude de tel ou tel de ses écoliers.

On dirait que certains professeurs ne peuvent croire à l'amendement sérieux d'un enfant, et que, parce qu'il a été mauvais élève,

1. Et cette haine, hélas ! ne finit quelquefois qu'avec la vie.

ils estiment qu'il le sera nécessairement toujours.

Si le bon Dieu nous traitait nous-mêmes ainsi !

Ce qui surtout décourage complètement les natures timides, les caractères faibles, c'est de voir que leurs efforts pour se corriger échappent à l'attention de leur maître, et qu'une bonne volonté réelle de leur part, une lutte généreuse contre la paresse ou la dissipation n'a pas été remarquée. Quand ils se voient, plusieurs semaines durant, décerner invariablement les mêmes notes qu'au temps où ils étaient paresseux ou insubordonnés, ils perdent bientôt courage et retombent presque toujours très vite dans leurs mauvais errements.

Il y a si peu d'enfants — et même d'hommes faits — capables de marcher longtemps dans une route ardue, sans être jamais encouragés !

J'en ai connu quelques-uns; mais que ces exemples sont rares !

Pour les natures ardentes, c'est un autre genre d'inconvénient bien grave aussi. L'inutilité de leurs efforts, deux ou trois fois constatée, les exaspère, et alors il faut s'attendre à les voir entrer en lutte ouverte avec l'autorité.

J'admets très bien que le professeur puisse être tout à fait innocent de ce triste résultat et qu'il n'ait pu se rendre compte, surtout si les élèves sont nombreux, des dispositions nouvelles de celui-ci ou de celui-là. Mais la chose est si importante qu'un bon maître doit avoir à cœur d'y apporter une attention soutenue et, pour ainsi dire, scrupuleuse. Mieux vaudrait mettre un peu moins de soin à la correction des copies ou à la préparation de la classe, et prendre le temps de réfléchir pour se rendre compte de la manière dont se comporte chaque enfant ; car, en matière d'éducation, il est encore plus nécessaire de constater la bonne volonté que le succès.

Le moment où l'on donne les notes de la semaine est tout indiqué pour cette considération. Mais laissez-moi vous le dire : bien souvent on procède beaucoup trop vite à cette opération si importante, et, parce qu'on est très pressé, le samedi surtout, on distribue ses notes, parfois un peu au hasard, et en vertu de l'habitude acquise. C'est très fâcheux. Mieux vaudrait sans aucun doute ne pas donner de notes que les donner *à côté ;* car si les élèves ont constaté deux ou trois fois que les appréciations de leurs maîtres ne répondent point exactement à leur travail ou à leur conduite, ils n'en font plus aucun cas, et vous avez faussé, vous-même, votre meilleur instrument de direction.

Que de fois, quand j'étais Père spirituel des élèves, n'ai-je pas constaté le bien que faisaient aux enfants les notes sagement distribuées, les réprimandes ou les encouragements donnés à propos !

Quand un élève m'avait dit : « Oh ! Père, j'ai joliment *bûché*, cette semaine ! Aussi le Père m'a mis un *œ*, un *a* », il ajoutait, d'ordinaire : « Maintenant j'espère bien n'avoir plus jamais d'*ei* ni d'*e*. » Et ses yeux brillaient de joie et d'entrain.

Mais si vous aviez entendu tel ou tel enfant, qui, après de vrais efforts de courage, était noté comme précédemment !..

« Voyons, mon chéri, comment cela a-t-il marché, cette semaine ? — Oh ! Père, j'ai fait tout ce que j'ai pu... là, vrai ! — Eh bien ! quelles notes ? — Ah ! bien, ce n'est pas la peine... *Il* [1] m'a encore donné des *ei* ! Il m'en

1. J'ai souvent remarqué qu'un enfant plein de son sujet désigne les personnes auxquelles il pense par le simple pronom, sans les avoir nommées, comme si l'interlocuteur était au courant de ses préoccupations intimes.

veut ; c'est sûr !.. » Et on lit dans les yeux du pauvre garçon, selon son caractère, le signe de la colère ou celui du découragement.

Sans doute il faut habituer nos enfants à se conduire par le sentiment du devoir, pour obéir à leur conscience et plaire à Dieu. Il est même à souhaiter que leurs efforts ne soient pas toujours récompensés par un succès humain. Cette épreuve les aidera à comprendre que le complet bonheur du chrétien n'est pas sur la terre, et que Dieu a réservé pour l'autre vie la répartition des « vrais biens et des vrais maux. »

A ce propos, vous rappelez-vous le beau sermon de Bossuet sur la Providence, que nous avons analysé en classe ? Relisez-le, si vous en avez le loisir.

Mais si quelques petits mécomptes servent beaucoup à établir la foi dans les âmes, c'est à la condition que l'épreuve ne se renouvellera pas trop souvent. N'oublions pas que nos enfants ne sont pas des hommes, que leur sensibilité et leur imagination sont très vives, qu'ils ne peuvent se soutenir longtemps, eux-mêmes, par un principe de foi, sans être encouragés par leurs parents et leurs maîtres, et qu'il y aurait vraiment quelque injustice à exiger d'eux la constance et l'énergie qu'on ne peut attendre que des âmes d'élite complètement transformées par l'esprit chrétien.

Je suis obligé de m'arrêter; car j'ai une course pressée à faire.

On m'appelle auprès d'un pauvre malade tout près de sa fin, paraît-il, et qui ne s'est pas confessé depuis bien longtemps. — A demain, si je puis.

Ce 4 novembre. — Mon malade d'hier est parti, cette nuit, pour l'autre monde, dans les meilleures dispositions de repentir et de confiance. Deo gratias! Mais je n'ai guère dormi qu'une heure, sur un fauteuil, et je vais peut-être sommeiller un peu en vous écrivant. Vous en jugerez, mon bon Frédéric.

Il peut être prudent, au début de l'année scolaire, de demander quelques renseignements sur vos élèves aux supérieurs de la maison, ainsi qu'aux professeurs et surveillants qui dirigeaient ces enfants, l'année précédente.

— Est-il besoin de rappeler que ces Messieurs ne sauraient user, pour vous documenter, des *confidences* reçues? ceci est de toute évidence. —

Ces renseignements, surtout s'ils sont donnés par des hommes prudents, vous serviront beaucoup pour votre conduite personnelle et pour la direction de votre étude ou de votre classe.

Mais on se trompe, parfois. Il peut se faire que tel et tel aient été jugés trop sévèrement et qu'ils vaillent beaucoup mieux que leur réputation.

Par exemple, il y a d'excellents enfants qui ont, comme on dit, *une figure qui ne revient pas.* Ils ont l'air sournois, en dessous... On est porté, vis-à-vis d'eux, à la défiance, au soupçon. Il faut les surveiller évidemment, mais sans pourtant les condamner d'avance ; car, parfois, sous ces dehors peu favorables se cachent un cœur d'or, de solides vertus et une intégrité parfaite.

Enfin cet élève, qui, l'an passé, se conduisait fort mal, peut être animé, cette année, de dispositions toutes différentes. Surveillez-le, sans doute ; mais ne jugez pas, dès à présent, qu'il est encore aujourd'hui ce qu'il était autrefois. Ces natures d'enfants sont si mobiles, si impressionnables, si promptes à prendre un bon ou un mauvais pli ! *Cereus in vitium flecti,* a dit Horace. Heureusement ils peuvent aussi, en peu de temps, se tourner vers la vertu.

Il faut savoir enfin qu'il y a des enfants vicieux, et même dangereux pour leurs camarades, et qui réussissent, avec une merveilleuse adresse, à donner à tout le monde une excellente opinion d'eux-mêmes. Ceux-ci valent beaucoup moins que leur réputation.

Ne vous pressez donc pas d'établir la *cote* dans votre classe où votre division. Vous pourriez vous tromper du tout au tout.

Voici un écolier, qui, vous le savez pertinemment, s'est mal conduit, l'année dernière. Il sera peut-être excellent de le prendre en particulier, au moment de la rentrée des classes. Vous lui direz que vous savez très bien ce qui s'est passé avant les dernières vacances, qu'il y aurait bien des choses à lui reprocher, mais que vous êtes convaincu de sa bonne volonté actuelle, et que vous êtes disposé à ne tenir aucun compte du passé; que vous avez confiance en lui, et que vous ferez tous vos efforts pour l'aider à se corriger complètement.

La plupart du temps, ce langage produit sur l'enfant un effet très salutaire. Il s'attache dès lors au maître qui lui a montré de la confiance et de l'affection; il tient à honneur de lui prouver que cette confiance n'a point été mal placée, et il arrivera souvent que la résolution de bien faire, qui n'avait point été prise encore, sera le fruit de cet entretien.

Evidemment vous ferez sagement de surveiller tout de même ces nouveaux convertis ; car vous n'êtes point sûr que le changement soit durable, quand même, actuellement, il serait sincère. N'oublions pas que l'enfant est, plus encore que l'homme fait, « ondoyant et divers. » Mais, du moins, l'écolier ainsi encouragé commencera l'année avec entrain, tout heureux de ne plus sentir peser sur ses épaules le poids de cette mauvaise opinion, que, pensait-il, tout le monde avait de lui. Son professeur lui a promis de l'aider. Il peut donc marcher avec courage ; il sera soutenu. Souvent cette conviction suffit à le transformer.

Je ne dis pas qu'il soit toujours à propos d'agir ainsi. Cela dépend beaucoup des circonstances, du caractère de l'élève et de celui du maître.

Encore un coup, quand les écoliers croient avoir affaire à un homme qui tient à se montrer juste en tout et toujours, ils s'arrangent facilement avec lui et passent, sans trop de peine, sur quelques défauts qu'il peut avoir.

« Un jour, me racontait un de mes collègues, j'avais, sous l'impression d'une grosse contrariété — que les professeurs ou surveillants qui ne se sont jamais impatientés viennent le lapider ; ce n'est toujours pas moi qui lui jetterai la première pierre !!! — donc, me disait ce cher collègue, j'avais, sous le coup d'une vive impatience, administré une très forte punition pour une espièglerie insignifiante. Deux secondes après, je sentais que j'avais fait une sottise, et, heureusement sans m'en rendre compte, une injustice véritable. La classe entière me regardait avec des yeux stupéfaits; car, Dieu merci, elle n'était pas habituée à cette méthode.

« Alors, d'un ton très calme, « Mes enfants, leur dis-je, j'ai puni tout à l'heure sous le coup d'un accès d'humeur. Il n'y a aucune proportion entre la faute et le châtiment. Par conséquent, X, ajoutai-je, en me tournant vers le petit coupable, cette punition est non avenue. »

Je ne dis pas qu'il faille toujours, en pareil cas, employer cette industrie. Cela dépend d'une foule de circonstances. Par exemple, un maître, dont l'autorité ne serait pas très affermie, devrait plutôt, je pense, éviter de souligner son erreur.

Dans le cas dont je parle le résultat fut excellent, et l'autorité du professeur n'en fut que mieux établie.

Miséricorde! quelle lettre, mon cher Frédéric! Excusez-moi : la vieillesse aime à causer. Mais il faut des bornes à tout, et nous pouvons dire avec Virgile — passez ce poétique souvenir à votre vieux maître —

Sed nos immensum spatiis confecimus æquor,
Et jam tempus equum fumantia solvere colla

Bonjour, à dimanche, — X. *sj.*

Frédéric au Père X.

N. ce 6 novembre 1901.

Mon Révérend Père, je vous remercie de votre bonne longue lettre. Tous vos conseils me sont très précieux, et je me propose bien d'y conformer ma conduite.

Ayez donc encore la bonté, si je n'abuse pas trop de votre temps, de me dire un peu vos idées sur la *surveillance*.

J'entends autour de moi des avis fort divers. Quelques-uns de ces Messieurs estiment que la surveillance, telle qu'elle était exercée dans vos anciens collèges, ne servait qu'à abrutir les enfants et à leur enlever toute initiative. D'après eux il vaudrait beaucoup mieux laisser les élèves seuls à l'étude, en récréation, et même leur permettre de sortir par petits groupes, et sans surveillants, en leur défendant seulement, sous peine de renvoi, de fréquenter tel ou tel quartier. C'est, disent-ils, par le sentiment de l'honneur et de l'estime d'eux-mêmes que les enfants et les jeunes gens doivent être dirigés, et non par la crainte du blâme et des châtiments.

Qu'en pensez-vous, mon Révérend Père ? Je n'ai pas, certes, grande expérience en la matière; mais j'avoue que le système me paraît assez baroque. Dieu sait les sottises que nous aurions faites, mes camarades et moi, si on nous avait ainsi laissé la bride sur le cou !

Au revoir et merci encore. Votre enfant bien filialement dévoué. — Frédéric.

Ma petite classe marche assez bien; mais elle n'est pas encore tout à fait lancée.

Le Père X. à Frédéric.

Paris, ce 10 novembre 1901.

Vous avez raison, mon cher Frédéric, de

trouver un peu baroques les idées de quelques-uns de vos collègues, en matière d'éducation. Je sais bien que ces théories, prônées par des écrivains de valeur, ont eu quelque vogue, de nos jours. Mais cet engouement a déjà, Dieu merci, beaucoup diminué, et on commence à en revenir.

Sans doute il ne faut point que la surveillance soit exagérée : l'excès, en tout, est un défaut. Mais, remarquez-le bien, mon cher ami, s'il est bon que l'enfant apprenne peu à peu à se diriger lui-même en écoutant la voix de la conscience et de l'honneur, il est très important aussi, qu'il soit assisté, secouru *extérieurement* contre les ennemis auxquels il lui serait bien difficile de résister par ses seules forces.

En le laissant se conduire lui-même vous supposez que sa volonté et sa raison sont déjà formées, ce qui est contre l'hypothèse, puisqu'il s'agit justement de faire l'éducation de cette intelligence, de cette volonté. Vous supposez l'éducation *faite*, tandis qu'elle est *à faire*, ce qui est tout différent.

Vous pourrez faire remarquer aussi à vos contradicteurs, mon cher Frédéric, que l'adolescent subit trop souvent, à cette époque si critique de son développement physique et moral, de violents assauts, auxquels, sans un secours puissant venu du dehors, il serait en grand danger de succomber.

Il faut tenir compte enfin du péché originel, qui l'entraîne au mal avec d'autant plus de violence, qu'à ces heures de crise les passions s'exaltent et se portent vers leur objet avec une impétuosité redoutable, dont une sage éducation, soutenue par la grâce divine, peut seule se rendre maîtresse.

L'enfant a le *droit*, à cette heure périlleuse, d'être défendu contre lui-même, parce que ses forces ne sont point encore entières, et que l'assaut des passions est plus furieux. Et ce droit, par une corrélation nécessaire, suppose le *devoir* de protéger, chez ceux à qui la Providence a confié la mission éducatrice. Et ce devoir s'impose d'autant mieux à la conscience du maître, que les parents chrétiens l'ont choisi de préférence à tout autre, dans la pensée qu'il tiendrait leur place auprès de leur enfant, et qu'il veillerait, comme eux-mêmes, à conserver la pureté de sa foi et l'intégrité de ses mœurs.

En résumé, vous êtes dans le vrai en soutenant que c'est pour le maître chrétien un devoir de charité et de justice, une obligation de conscience, de surveiller ses élèves, sans exagération ni minuties, c'est entendu, mais avec vigilance et fermeté.

« Je connais, disait encore un de ces Messieurs, tel et tel établissements où les enfants sont à peine surveillés. Au réfectoire, en récréation, dans les dortoirs, on les laisse seuls, ordinairement, et, mon Dieu, il n'arrive rien... — Il n'arrive rien, dites-vous? J'admets que, la plupart du temps, il n'y aura ni incendie, ni inondation dans l'établissement. Mais, au point de vue des mœurs, êtes-vous sûr qu'il n'arrive rien? — Aucun désordre n'y est signalé, m'a-t-on dit. — Qu'est-ce que cela prouve? Faut-il attendre que le mal soit fait pour y remédier? — D'ailleurs, mon cher Frédéric, vous pouvez dire à vos collègues, et vous pouvez le leur dire, parce que je le sais pertinemment, il se passe souvent, dans ces maisons non surveillées, des choses lamentables. On les ignore longtemps, très longtemps, parfois, et quand enfin des soupçons sérieux se font jour et qu'on veut aller au fond des choses, presque toujours hélas! on n'a plus qu'à constater d'irréparables ruines, plus tristes, cent fois, que toutes les pertes matérielles.

— Mais en Angleterre, en Amérique?... Je ne parle ni de l'Angleterre ni de l'Amérique; je parle de la France et des Français. Et de même que je trouverais exagérée, pour nos enfants, la surveillance exercée dans certains collèges d'Espagne et d'Italie, je n'approuverai jamais non plus pour eux les procédés de l'éducation anglaise ou américaine. Que cela réussisse ou non au delà de la Manche ou de l'Océan, ce n'est pas notre affaire ; mais ce qui convient peut-être aux jeunes garçons de ces pays-là, ne conviendrait pas du tout à nos petits Français.

Et puis le niveau moral des collèges d'outre-mer est-il si élevé? Je puis vous affirmer, s'il s'agit de l'Angleterre — pour l'Amérique, je n'en sais rien -- je puis, dis-je, vous affirmer que la moralité des collèges anglais laisse étrangement à désirer (je ne parle pas des collèges catholiques), et je me persuade que l'exemple invoqué contre nous serait plutôt de nature à fortifier notre thèse.

Nous l'avons dit, mais ne craignons pas de le répéter : la surveillance, telle que nous la comprenons dans nos collèges chrétiens, n'a rien du tout d'inquisitorial. Elle marche à visage découvert; elle ne s'appuie point sur la délation. Ce qui fait la force d'un bon surveillant, c'est la droiture du caractère, l'esprit de dévouement et de sacrifice, la constance dans l'observation de la règle. C'est par là qu'il acquiert sur ses élèves une véritable autorité. Sa seule présence les contient dans le devoir, en leur ôtant la tentation de mal faire. Il croit qu'il est plus digne de lui, et plus avantageux pour les enfants qui lui sont confiés, de prévenir leurs fautes que d'avoir à les punir.

Donc, mon cher Frédéric, surveillez vos écoliers. Dieu vous a fait leur ange visible, et si vous êtes fidèle à votre mission, vous pourrez compter sur le secours et les inspirations des bons anges du ciel.

Ces principes posés, quelques applications pratiques — interruption forcée... A demain. —

Ce 10 novembre. — Ne vous laissez pas tellement absorber, en classe, par votre application à enseigner, que vous perdiez de vue la tenue de vos élèves.

Eux ne sont guère absorbés, d'ordinaire, par ce que dit le professeur, et une bonne part de leur activité physique et morale se tourne, pendant qu'on leur parle, vers des objets très différents.

N'allez pas croire, surtout, que vous voyez tout ce qui se passe dans votre classe ou dans votre étude. Ce serait une bien grande et bien dangereuse illusion. Un bon professeur, un bon surveillant se rend parfaitement compte qu'une infinité de choses peuvent lui échapper.

« Moi, disait un jour, en ma présence, un jeune professeur, rempli d'ailleurs de talent, mais encore un peu naïf dans le métier, je vois tout ce qui se passe chez moi, et pas un enfant ne lève le petit doigt sans que je m'en aperçoive. »

J'avoue que cette assurance me parut bien extraordinaire.

Deux jours après, j'apprenais que ses élèves avaient dévissé sous ses yeux, et à son insu, une partie du mobilier scolaire !

L'enfant qui veut faire une sottise vous épie constamment pour saisir le moment favorable. Il a, par conséquent, un avantage immense sur vous qui ne pouvez l'observer sans cesse.

Il y a des classes où les élèves forment de petits groupes pour se réciter mutuellement leurs leçons ou répéter les explications du professeur. Je ne vous conseille pas d'employer ce système. Les enfants en profitent pour faire mille sottises qui échappent aux yeux du maître. Et puis vous ne savez jamais exactement comment les leçons ont été récitées ; car les élèves ont tout avantage à se ménager réciproquement.

Mais on se fait de bien étranges illusions. On se dit que *chez le voisin* il peut y avoir des inconvénients, que le professeur se laisse attraper. « Mais chez moi, pense-t on, il n'en va point ainsi. Je sais ce qui se passe... On ne me refait pas ! »

Quelle naïveté !

Ce 11 novembre. — J'ai une prière, une prière instante à vous faire, mon cher Frédéric. *Ne mettez jamais, jamais, un élève à la porte de votre classe.* C'est une résolution que vous devez prendre et tenir énergiquement. Les maîtres expérimentés savent bien que ce genre de punition peut entraîner des inconvénients fort graves.

Certains enfants, appartenant à différents cours, conviennent entre eux de se faire expulser à telle heure précise... et alors ils se retrouvent sans surveillants et sans témoins. C'est pour eux une situation pleine de périls.

Le désœuvrement, l'ennui, le manque de surveillance, le contact avec un camarade peut-être suspect, l'attrait du fruit défendu, toutes ces circonstances réunies constituent certainement pour eux un réel danger.

Il ne faut pas oublier non plus que les mauvais anges ne sont pas loin et qu'ils savent qu'à ce moment-là l'enfant est plus exposé à leurs séductions. « Le démon, dit saint Pierre, rôde sans cesse autour de nous, cherchant une victime à dévorer. » *Circuit, quærens quem devoret.*

Et puis quelle manière piteuse de rétablir l'ordre troublé ! Quel aveu d'impuissance, que d'en être réduit, pour avoir la paix, à l'expulsion du moutard qui tenait en échec votre autorité ! Croyez-vous donc la fortifier en faisant vous-même constater par vos élèves que vous êtes à bout de voie et incapable de vous tirer d'affaire tout seul ?

Si un garçon se rend absolument insupportable, ou qu'il ait commis une faute *grave* contre la discipline, informez-vous si le directeur peut le recevoir et prendre l'affaire en mains. Alors vous pouvez lui expédier le délinquant ; mais jamais, *au grand jamais* ne mettez d'élève à la porte. Croyez-en mon expérience ; ce n'est pas un danger chimérique qui vous est signalé.

Quand vous surveillez la récréation, évitez avec soin de vous laisser absorber par une conversation avec un enfant ou même avec votre collègue, au point de ne pas remarquer qui entre en cour ou qui en sort. On voit quelquefois de jeunes surveillants se promener en causant pendant les récréations. Ceux qui ont cette habitude ne peuvent s'imaginer tout ce qui se passe autour d'eux, à leur insu.

Les bons surveillants ne se parlent jamais d'une façon suivie, tandis qu'ils sont en cour avec les élèves.

Dites-vous bien que surveiller sérieusement la récréation est une action importante et aussi difficile que celle de bien diriger une classe. Il ne faut pas s'imaginer, comme on le fait trop souvent, qu'il s'agit purement et simplement de faire acte de présence sur la cour, à certaines heures déterminées; qu'on peut s'acquitter de ces fonctions en vaquant à d'autres soins. Il est très difficile, et en même temps très important, de bien occuper les élèves pendant le temps consacré au jeu. Ces heures-là servent au moins autant que la classe ou l'étude à la formation de la volonté et du caractère.

Et pour passer à un autre ordre d'idées, que de conversations légères, que de rapports dangereux, que de péchés sont évités si le temps de la récréation est bien employé! Cette pensée n'est-elle pas de nature à exciter le zèle d'une âme qui aime sérieusement Notre-Seigneur [1]?

N'accordez à personne la permission de ne pas jouer, de faire bande à part avec quelques camarades. Proscrivez impitoyablement tout ce qui pourrait troubler le jeu général ou en diminuer l'intérêt. Ne souffrez pas que les élèves aillent s'asseoir à l'écart, réunis par petits groupes; et s'il est impossibe de le défendre absolument à certains enfants trop délicats, ne permettez pas du moins qu'ils gardent longtemps cette attitude, ou qu'ils aient une tenue nonchalante et molle.

Si vous voulez que tout se passe avec ordre, partagez la direction entre vous et votre collègue. L'un se chargera de conduire le jeu, et l'autre se réservera la surveillance générale de la cour, les permissions à donner, etc., etc...

L'organisation des promenades doit aussi attirer votre attention. Tâchez de les régler de telle façon que les enfants y aillent avec entrain et non comme à une insupportable corvée. Pour obtenir ce résultat vous ferez bien

1. On trouvera d'utiles renseignements sur la matière dans l'ouvrage du P. Barbier : *De la discipline dans quelques collèges catholiques*, et dans la brochure des Pères de Nadaillac et Rousseau : *Les Jeux de collège*. (Paris, Delalain).

de préparer d'avance votre itinéraire. Ne passez pas toujours par les mêmes chemins. L'enfant aime avant tout la variété. Proportionnez l'étape à l'âge et aux forces de vos élèves, et ramenez-les au collège un peu fatigués, mais pas trop éreintés non plus.

Faites en sorte que les rangs de promenade ne soient pas toujours composés des mêmes élèves. L'insistance que tel et tel enfant mettraient à se trouver toujours ensemble pourra vous éclairer sur le danger de certaines camaraderies.

Toutes les amitiés particulières ne sont pas condamnables ; mais beaucoup sont suspectes, et il arrivera peut-être que vous serez obligé, dans une circonstance donnée, d'exiger la rupture. Cette matière, vous le comprenez, est extrêmement délicate. Sur ce terrain, plus que sur tout autre, il faut être circonspect et ne rien outrer. On peut pécher par excès et par défaut. En tout cas, s'il y a lieu d'intervenir, il faut agir avec une extrême réserve et éviter les éclats qui font causer.

Ne laissez vos enfants s'arrêter en chemin que le moins possible. S'il faut leur accorder quelque repos, que la halte soit brève, et qu'ils aient toujours, même à cet instant, une attitude virile. Surveillez-les bien à ce moment-là, et aussi, ce qu'on oublie trop souvent, quand, de retour au collège, ils attendent, dans la cour de récréation, l'heure de rentrer à l'étude. Il faut vous arranger pour que cette attente ne se prolonge pas trop et qu'ils soient occupés. Quand il y a de mauvaises conversations parmi eux, soyez sûr que c'est surtout à cet instant qu'elles se tiennent, comme aussi pendant les promenades, et vers la fin des récréations, lorsque le jeu général a cessé. Si l'on pouvait supprimer ces quelques minutes d'attente, qui précèdent l'étude, ce serait une excellente innovation.

Dans les établissements bien tenus, on visite, de temps en temps, les pupitres des élèves, pour s'assurer que l'ordre et la propreté y règnent. Profitez de l'occasion pour voir s'il ne s'est point glissé parmi les objets à leur usage quelque ouvrage dangereux. Sachez bien, mon cher enfant, que le péril n'est pas chimérique, et qu'un seul livre corrupteur peut suffire à gâter une division tout entière.

La charité et la justice ne nous font-elles pas un devoir de veiller sur l'innocence des enfants qui nous sont confiés?

Le plus souvent, Dieu merci, vous ne trouverez rien de bien mauvais. Il n'est pas rare, par exemple, de faire des trouvailles plutôt curieuses, et qui vous procurent un moment de douce gaieté.

J'ai conservé un échantillon assez singulier du butin qu'on fait parfois dans les pupitres d'écolier.

Un jour, il me tomba sous la main un petit cahier appartenant à un garçon d'une douzaine d'années, qui était alors en cinquième, et je ne pus m'empêcher de rire en lisant sur la première page ce titre pittoresque :

Règlement de l'Ordre des Frères chasseurs.

Je transcris, telles quelles, pour vous amuser un brin, les premières lignes de ces singulières constitutions. Je me permets seulement de corriger quelques fautes d'orthographe.

« Je crois que je suis appelé à la vie religieuse. Mais, comme je ne suis pas fort en grec et en latin, et que ça m'embête beaucoup, surtout le grec, je ne serai jamais pour prêcher. Je veux donc fonder un ordre où on ne prêchera pas, où on fera des choses utiles et intéressantes, par exemple chasser. Il y a bien des religieux qui travaillent la terre sans jamais lire et écrire; pourquoi ne pourrait-on pas chasser? Ce n'est pas mal, et c'est même bien. Bien entendu, en priant tout de même beaucoup le bon Dieu.

« Voici donc le règlement de l'Ordre que je *fondrai* (sic). On sera douze; pas plus. Si on était plus, on tuerait tout le gibier, la première année, et après il n'y en aurait plus.

» On mettra tout son argent en commun pour acheter une grande propriété dans un pays très giboyeux.

» C'est moi qui *sera* (sic) le supérieur. Chaque religieux aura deux fusils et deux chiens, un couchant et un courant, ou bien, si on aime mieux, deux couchants ou deux courants. On chassera, tous les jours, sauf le dimanche, à moins que (sic) le jour de l'ouverture.

» On ira, chacun de son côté, pour ne pas manquer au silence; mais on pourra parler tout de même à son chien.

» On aura un prêtre pour nous dire la messe et pour nous confesser. On mangera son gibier et on devra partager ce qu'on aura tué avec ceux qui n'ont rien tué. Quand la chasse sera fermée, on mangera autre chose.

» On aura un étang pour le vendredi.

» Il y aura aussi des Frères coadjuteurs pour faire la cuisine et pour garder la chasse.

» Il y aura aussi des dames du Tiers-Ordre. Elles auront le droit de nous fournir des habits et des munitions.

» Le supérieur pourra priver de la chasse un religieux qui se sera mal conduit; mais il ne pourra pas le priver de plus de trois jours de chasse, etc, etc.

. . . .

J'en passe, et des meilleures.

Ne trouvez-vous pas charmant le privilège des dames du Tiers-Ordre?

Et dire que ce gamin-là est maintenant religieux pour de bon; qu'il prêche... et très bien encore! et qu'il fait un grand bien partout où il va. Allez donc porter un jugement sans appel sur l'avenir des enfants!

Adieu, mon chéri; vous vouliez de longues lettres... il me semble que vous voilà servi à souhait! — X. *s j.*

Paris, ce 17 novembre 1901.

J'achève, mon cher Frédéric, de traiter le sujet commencé dimanche dernier.

Vous me dites que le directeur de votre collège vous a prié de monter une petite bibliothèque pour les élèves de la première division. Donc, un mot sur le choix des livres. La matière est importante, vous le comprenez. Il faut ici, comme en tout, éviter les deux excès, l'imprudence, et aussi la prudence outrée.

Beaucoup d'œuvres historiques peuvent, sans inconvénient, avoir leur place dans les bibliothèques de nos collèges (je parle de la première division), pourvu que l'esprit de ces ouvrages soit bon et que le rôle de l'Eglise n'ait pas été travesti par l'auteur. Je suppose naturellement qu'on n'y trouve pas de détails vraiment scabreux.

Après tout il est bien clair que toutes choses, même les plus saintes, peuvent devenir des occasions de pécher. L'enfant rencontrera partout, sur son chemin, ces occasions-là, même en suivant la messe dans son paroissien. Ce que nous devons éviter avec un soin jaloux, c'est de l'exposer à la tentation par une véritable négligence de notre part, en mettant entre ses mains des ouvrages qui soient réellement de nature à troubler ses sens ou son imagination.

Ce qu'il faut surtout éviter (je n'ai pas besoin de proscrire les ouvrages foncièrement immoraux, la question est trop claire) ce sont ces livres, où les mots font une image crue qui excite vivement la sensibilité (n'oublions pas que les adolescents sont d'ordinaire extrêmement impressionnables) ; ces récits où la passion, même honnête, je le suppose, est peinte d'une façon trop poétique ou trop exaltée, encore que les expressions outrées en soient bannies ; ces descriptions, je ne dis pas immorales, mais trop langoureuses et qui font rêver, ces analyses amollissantes, énervantes, beaucoup plus physiologiques que psychologiques, et qui, par conséquent, éveillent la sensation plutôt que le sentiment. Vous comprenez ma pensée ?

Ces lectures-là ne font de bien à personne ; mais enfin, pour des hommes faits, elles peuvent n'offrir que peu d'inconvénients ; mais croyez-moi : pour les adolescents elles ne valent rien, absolument rien.

Ne leur faites donc point goûter et admirer ces écrivains, qui, tout en respectant la morale et les convenances essentielles, ne savent que dire agréablement des frivolités.

« Leur style, direz-vous, est délicat, poli ; leur touche élégante et fine. — Tout ce que vous voudrez ; mais il est, un brin, mièvre, et par trop sentimental, et ce n'est point du tout ce qu'il faut à des garçons de quinze à dix-huit ans. Ces livres-là prédisposent au rêve, à la mélancolie ; ils pétrissent le cœur de tendresse. En tout cas, ils ne l'élargissent point, ne l'élèvent point, non plus que l'esprit qu'ils dépriment en l'affadissant. »

Les garçons de nos jours surtout, mon cher Frédéric, où les névrosés de corps et d'âme sont vraiment légion, ont besoin d'une nourriture forte, c'est-à-dire de lectures viriles, qui, loin de les replier sur eux-mêmes, élargissent leur intelligence et précipitent vers leur cœur l'afflux du sang de leurs veines, en leur inspirant de hautes pensées et de nobles ardeurs : l'amour de Dieu, l'amour de la famille et l'amour de la patrie ; des lectures qui leur révèlent l'âpre joie, goûtée dans l'étreinte même de la douleur, après le sacrifice de soi-même généreusement accepté, et qui excitent dans leurs âmes un saint enthousiasme pour toutes les nobles causes, surtout pour les causes vaincues.

Voilà ce qu'ils devraient trouver dans les livres que nous mettons entre leurs mains. Et ainsi vous formeriez des garçons courageux et forts dans la foi, dont les courses, les chevaux et les chiens, un riche mariage à faire, et l'oisiveté dans l'opulence ne borneraient pas l'horizon ; des enfants qui seraient un jour des hommes, des Français de race, et de vrais chrétiens.

Un seul de ces hommes-là vaudrait mieux que mille de ceux qui se fabriquent aujourd'hui.

Vous entendrez crier *casse-cou* ; on vous traitera de chauvin, d'emballé, que sais-je ? on vous dira que vos élèves seront des inconsidérés, des imprudents, qui attireront, par leurs éclats intempestifs, la persécution sur les catholiques ; on vous dira, d'un air entendu, que le gouvernement ne demanderait pas mieux que de nous ignorer, et que ceux qui irritent les persécuteurs de l'Eglise font un grand mal à la Religion...

Laissez dire ; ou répondez, si vous voulez, qu'à cette heure, en France, *c'est la prudence qui nous tue*, et que votre idéal d'éducateur n'est pas de préparer au pays une nouvelle génération de trembleurs et de résignés.

Adieu, mon vaillant Frédéric. Je vous bénis, puisque vous le voulez absolument, et, ce qui vaut mieux, je vous envoie, chaque matin, de l'autel, la bénédiction de Notre-Seigneur. — Votre vieil ami, X. *sj.*

Paris, ce 24 novembre 1901.

Mon cher Frédéric. — Vous vous êtes aperçu, l'autre jour, me dites-vous, qu'un père de famille s'était trompé complètement sur le compte de son fils. Il vous l'avait dépeint comme un enfant à peine sorti des langes et innocent comme au jour de son baptême. Et vous vous êtes aperçu que le garçon en savait fort long déjà et était à surveiller de très près.

Cela vous étonne, mon cher ami? Moi, ce qui m'étonne, c'est votre étonnement. Sachez bien qu'un grand nombre de parents connaissent fort mal leurs enfants, et ce qu'il y a de plus fâcheux, c'est qu'ils se figurent les connaître parfaitement.

On dit à des papas, à des mamans : « Faites donc attention aux livres de votre bibliothèque, aux journaux que vous recevez, aux personnes qui fréquentent chez vous, aux camarades de vos enfants pendant les vacances et les jours de congé... et l'on entend presque toujours cette réponse : « Mon fils ? mon Révérend Père ? mais vous ne le connaissez pas ! c'est un vrai bébé... Ma fille ? mais elle est naïve à un point incroyable. Je crois qu'elle et son frère liraient n'importe quel livre, sans comprendre même les endroits scabreux. Par exemple, ils sont d'une étourderie, d'une légèreté dont rien n'approche, et c'est ce qui nous désole, leur mère et moi. Mais, pour les défauts sérieux, nous sommes, Dieu merci, parfaitement tranquilles.

« Leurs fréquentations ? mon Dieu ! ils ne voient personne, absolument personne. Vous pensez bien que je ne voudrais pas les exposer au moindre danger, au point de vue moral ! Toute leur société, c'est leur mère et moi, leurs petits cousins et cousines, et quelquefois, pendant les vacances, quelques jeunes filles et jeunes gens des environs, mais dont les parents sont tout à fait bien. Ah! je vous assure qu'ils ne songent qu'à s'amuser. On fait des parties à ânes, des excursions à bicyclettes, quelques pique-niques par ci par là, et pas autre chose. C'est tout à fait innocent..., mais par exemple, ils sont, je vous le disais tout à l'heure, mon Révérend Père, d'une étourderie, d'une légèreté!!! C'est ce qui nous tourmente beaucoup; car enfin les voici à seize, dix-sept ans. Il serait tout de même bien temps d'être sérieux! »

Ces chers parents, doués d'ailleurs d'excellentes intentions, ont perdu, semble-t-il, la mémoire des tentations qu'ils ont éprouvées pendant leur jeunesse, de leurs difficultés, de leurs luttes, de leurs chutes aussi. Leurs enfants sont, pour eux, des natures à part, pour lesquelles, dirait-on, il n'y a ni péché originel, ni ennemis spirituels, ni tentations.

C'est bien étrange, mon cher Frédéric; mais c'est pourtant la vérité. Bon nombre de parents, je parle même des parents chrétiens, ne comprennent pas les dangers que peuvent courir leurs enfants. Et c'est ce qui fait que, dans les meilleures familles, on ne prend presque jamais les mesures de prudence qui seraient si nécessaires.

Sans doute, on ne peut pas mettre les enfants

en cage et les empêcher de courir et de sauter, c'est évident ; mais on pourrait, au moins, surveiller avec plus de soin leurs fréquentations, observer la tenue, les allures de leurs camarades et ne pas leur permettre, dans une compagnie tant soit peu suspecte, ces *raids* à longue distance — c'est facile, à bicyclette — où ils trouveront l'occasion de faire toutes les sottises qui leur passeront par la tête, avec la certitude que jamais les parents n'en sauront rien.

Croyez-vous que des conversations sans témoin, des promenades en catimini, des tête-à-tête prolongés entre jeunes gens et jeunes filles n'offrent pas mille inconvénients?

Est-ce qu'à cet âge-là le cœur n'est pas sensible et chaud? Est-ce qu'une affection, même honnête et pure, ne peut devenir bien promptement une passion ardente et, par conséquent, un réel danger?

Une mère vraiment chrétienne, et qui prie Dieu de l'éclairer sur ses devoirs, comprend la délicatesse et la gravité de pareilles situations, et elle agit en conséquence.

J'entendais jadis une dame du grand monde se plaindre amèrement d'un Père prédicateur, qui, disait-elle, avait des expressions vraiment trop crues, et elle jurait ses grands dieux *qu'elle ne mènerait jamais Lucie à ces sermons-là!* Et la jeune Lucie lisait pourtant les feuilletons et la chronique mondaine d'un journal boulevardier, étalé, du matin au soir, sur la table du salon. Elle lisait cela... et bien d'autres choses encore. Une amie plus avancée s'était d'ailleurs chargée de faire son éducation. Je sus ces détails par un membre de cette famille, qui avait des raisons graves de m'avertir. Mais, par exemple, la mère se fût accusée à confesse d'avoir laissé sa fille aller à l'église entendre les sermons du Père N.!

Si l'on ne peut dire sans injustice : *ab uno disce omnes*, apprenez par ce seul exemple à connaître tous les parents, on peut dire, du moins, en toute vérité, qu'un grand nombre de pères et de mères ont un bandeau sur les yeux.

Paris, ce 1er décembre 1901.

Mon cher Frédéric. Vous avez soutenu, me dites-vous, ces jours derniers, une chaude discussion avec Monsieur X. et l'abbé Y. Ces Messieurs reprochent aux éducateurs chrétiens de nos jours de trop prêcher l'obéissance et d'étouffer par là toute spontanéité, toute initiative généreuse. Vous prévoyez que la discussion recommencera, à la première occasion, et vous me demandez mon avis sur ce sujet.

Je vous dirai bien simplement ma pensée !

De nos jours, on rencontre des maîtres, je dis même des maîtres chrétiens, qui croient que la vertu d'obéissance, loin de former le cœur et l'esprit, tend, au contraire, à rapetisser l'intelligence, à énerver la volonté, à enlever enfin à l'enfant, comme le disent vos deux collègues, tout esprit d'initiative. On se serait jusqu'ici trompé de route en voulant faire des *obéissants*, c'est-à-dire des hommes qui ne sauront jamais que marcher dans l'ornière battue, et dont la valeur sociale sera toujours à peu près nulle. Il nous faut, au contraire, à l'heure actuelle, des *indépendants*, des hommes qui s'inspirent d'eux-mêmes, qui se fraient à eux-mêmes leur route et y entraînent les autres après eux. Prêchez moins l'obéissance, et développez davantage l'initiative individuelle.

A mon sens, mon cher enfant, c'est une profonde aberration. L'obéissance est une vertu éminemment éducative, parce qu'elle trempe solidement la volonté. Nous n'avons point pour idéal — est-il besoin de le dire — l'obéissance de l'esclave ou de la brute. Nous entendons l'obéissance chrétienne, c'est-à-dire l'obéissance raisonnable, qui voit dans le supérieur le représentant de Dieu et sacrifie la volonté de l'homme à la volonté divine.

Un enfant habitué à obéir par esprit de foi est un enfant habitué à se vaincre. S'il sait se vaincre, il triomphera de ses passions ; par conséquent il fera son devoir, tout son devoir. *Vir obediens loquetur victorias*, dit l'Esprit-Saint ; l'obéissant chantera sa victoire.

Si l'homme, au contraire, est victime de ses passions, c'est qu'il n'est pas habitué à se faire cette sainte violence qui consiste à immoler sa volonté propre à celle de Dieu.

L'obéissance, dit-on, tue la spontanéité, l'élan, les initiatives généreuses... Et pourquoi donc, je vous prie ? On comprendrait l'objection, si cette vertu consistait nécessairement à rester passif, à ne rien entreprendre, à ne rien oser, à attendre, pour agir, l'impulsion d'une volonté étrangère. Mais où a-t-on pris que ce soit là l'idéal de l'obéissance du chrétien ?

Tout au contraire, cette vertu, *bien comprise*,

dispose merveilleusement les âmes à l'activité, à l'énergie, et aux saintes audaces où se plaisent et se meuvent à l'aise les cœurs ardents et généreux.

N'étaient-ils pas des énergiques, des passionnés, des audacieux, les saints apôtres, qui pour obéir à la parole du Maître, *Allez, enseignez toutes les nations*, se partageaient le monde et couraient à sa conquête? Et ces martyrs de tous les siècles, qui bravaient les tyrans et affrontaient les supplices et la mort même la plus cruelle pour obéir au premier commandement : *Tu aimeras parfaitement le Seigneur, ton Dieu, et tu ne serviras que lui?*

Et François-Xavier, le voyageur intrépide, l'apôtre des Indes et du Japon, qui parcourut en dix ans tant de royaumes, jetant partout la semence évangélique, convertissant des peuples entiers, et qui arracha à l'empire du démon plus d'un million d'infidèles? Est-ce l'activité, l'énergie, l'audace, qui lui firent défaut? Et pourtant l'obéissance était sa vertu maîtresse, au point qu'il écrivait, à genoux, à Ignace de Loyola, son supérieur, se déclarant prêt à renoncer, sur un mot, sur une seule lettre écrite de sa main, à tant de glorieuses conquêtes!

Et le soldat, qui pour obéir à la consigne

militaire court à une mort certaine ou se fait tuer héroïquement à son poste... est-il un faible, un timide, un indécis?

Qu'on ne dise donc plus que l'obéissance amoindrit, énerve la volonté! Bien au contraire, elle est la vertu des forts, et c'est pour cela qu'elle est un des plus excellents facteurs de l'éducation.

Que les programmes d'instruction changent avec les années... on n'y gagne peut-être pas grand'chose; mais enfin ces modifications se peuvent concevoir, puisque la science humaine marche toujours. Mais l'éducation proprement dite, c'est-à-dire la formation, l'*élévation* de l'intelligence et du cœur, doit toujours reposer sur les mêmes principes, puisque la nature humaine ne change pas; et nos pères ne s'étaient point tant mépris, quand ils s'appliquaient si soigneusement à former l'enfant à l'obéissance.

La chute de l'ange et la chute du premier homme ont été causées par la désobéissance, fille de l'orgueil, et c'est pour nous apprendre à être obéissants que le Fils de Dieu est venu en ce monde, se faisant lui-même obéissant jusqu'à la mort et à la mort de la croix.

Sans doute il faut donner aux enfants, aux adolescents, l'esprit d'initiative; mais un sage éducateur peut parfaitement obtenir ce résultat, tout en préservant les âmes de ce souffle pernicieux d'indépendance, qui engendre l'orgueil et conduit à la révolte.

Vous pourriez lire avec fruit, à propos de cette question, une excellente étude du P. Tampé sur les moyens de développer l'initiative dans les collèges [1]. Impossible de vous en dire plus long aujourd'hui. — A demain.

2 décembre. — Je profite d'un moment libre pour reprendre notre causerie d'hier.

« Je voudrais bien savoir, me dites-vous, comment arriver à faire comprendre aux enfants *pourquoi* il faut obéir, et quel est le fondement de la vertu d'obéissance. »

Dites-leur qu'ils doivent obéir à leurs parents et à leurs maîtres, parce qu'ils sont les représentants de Dieu qui est la source première de toute autorité et qui seul en possède la plénitude. *Omnis potestas a Deo,* dit saint Paul. « Tout pouvoir vient de Dieu. » Là est le vrai, le *seul* fondement de l'obéissance. *Hors de là, il n'y en a point.* Quel autre motif pourriez-vous invoquer pour prouver à un homme qu'il doit soumettre sa volonté à celle d'un autre homme ?

1. *Etudes religieuses*, nº du 20 août 1898.

Ne sommes-nous pas tous égaux par nature? Avons-nous jamais, vous ou moi, vendu à quelqu'un notre liberté? Si donc je suis obligé d'obéir à un autre homme, c'est que Dieu, le créateur et le maître de toutes choses, a donné à celui-ci le pouvoir de lier ma volonté. Le supérieur, dans l'ordre spirituel et dans l'ordre temporel, n'est vraiment supérieur et n'a le pouvoir de commander qu'en tant qu'il est le représentant de Dieu, et c'est le seul titre qu'il puisse avoir à notre obéissance.

Il suit de là, mon cher enfant, que l'obéissance n'est jamais due à un supérieur, laïque ou ecclésiastique, qui commanderait un acte injuste ou impie; car il est impossible qu'il représente l'autorité divine, en tant qu'il ordonne une chose inique, puisque Dieu est la source et le principe de toute vérité et de toute justice.

Remarquez bien que, dans l'hypothèse, le supérieur, malgré sa prévarication, n'en est pas moins digne de *respect,* car il ne cesse pas d'être l'image de l'autorité divine. Mais, en ordonnant un acte injuste, il cesse d'être le mandataire de Dieu, parce qu'il agit précisément contre sa volonté. Il perd donc par là même, dans cette occasion, tout le droit qu'il avait à notre obéissance.

Concluons, mon cher Frédéric, — et il est important que vos enfants comprennent ceci dès maintenant — concluons qu'une loi, *certainement* injuste, est nulle et de nul effet pour obliger la conscience. Je suppose, remarquez-le bien, une injustice *évidente*. S'il n'y a pas évidence, la présomption est en faveur du supérieur, et l'inférieur doit obéir. Mais s'il s'agit d'une injustice certaine, évidente, cette soi-disant loi n'en est point une. Elle est et sera toujours radicalement nulle; car elle ne peut point être l'expression de la volonté divine.

Saint Ignace, le fondateur de la Compagnie de Jésus, — et pourtant Dieu sait si l'on nous a reproché notre obéissance aveugle, *perinde ac cadaver!* — eh bien! saint Ignace, recommandant l'obéissance à ses enfants, comme la vertu distinctive des religieux de la Compagnie, ne manque pas d'ajouter : *pourvu qu'on ne voie point de péché à obéir... ubi peccatum non cerneretur*.

Et ce sont les francs-maçons, ces ennemis de Dieu et de la sainte Eglise, eux qui ont entrepris de courber les âmes sous le joug le plus avilisssant qui fut jamais, ce sont eux qui crient, à pleins poumons, que l'obéissance des Jésuites est immorale, parce qu'ils accomplissont aveuglément tout ce qui leur est ordonné!

Malheureusement la plupart des Français, et je dirai même la plupart des catholiques, ont oublié jusqu'à la simple notion des éléments constitutifs d'une loi véritable, qui est, dit saint Thomas, *ordinatio rationis, ad bonum, ab eo qui curam habet communitatis promulgata*, une ordonnance *raisonnable, en vue du bien général*, promulguée par celui qui a la charge du gouvernement.

On entend une foule de braves gens dire en gémissant : « C'est une loi bien injuste, sans doute, mais enfin c'est la loi! »

Eh bien! non, cent fois non! elles ne sont point dignes du nom sacré de lois, ces odieuses exactions de la tyrannie qui entreprend de violenter les consciences et de détruire toutes les libertés politiques et religieuses dans notre pays ; et c'est vraiment profaner ce nom auguste, que d'en parer impudemment des actes de brigandage, dont les auteurs sont d'autant plus criminels, qu'investis par Dieu de l'autorité pour le bien du peuple, ils se servent de cette puissance empruntée pour outrager la majesté divine et violer les droits les plus sacrés de la conscience!

Quand une loi *certainement* injuste ne vous

commande point pourtant de violer les droits de Dieu, ou ceux du prochain, vous n'êtes pas tenu sans doute, de vous y conformer; mais vous pouvez pourtant céder devant l'oppression pour éviter un plus grand dommage.

Si, au contraire, la loi est impie, attentatoire au droit divin; si elle vous impose la violation de ce droit ou de ceux d'autrui, non-seulement vous *pouvez* ne pas obéir, mais vous *devez* ne pas obéir; car le commandement de l'homme ne peut contredire le commandement de Dieu lui-même. C'est alors le cas de dire avec les apôtres : *non possumus!* nous ne pouvons pas! nous devons obéir à Dieu plutôt qu'aux hommes. Par conséquent il arrivera de nous ce qu'il pourra; nous souffrirons et nous mourrons, s'il le faut, martyrs de l'obéissance à la loi divine dont nulle puissance humaine ne saurait nous relever.

Les païens eux-mêmes l'avaient bien compris!

Vous rappelez-vous, mon cher Frédéric, cette scène incomparable de l'*Antigone* de Sophocle, où la jeune héroïne, surprise par les satellites de Créon, au moment où elle achevait d'ensevelir son frère Polynice, est amenée devant le tyran?

Σὲ δή, σὲ τὴν νεύουσαν ἐς πέδον κάρα...

. . . .

C'est, à mon sens, une des plus belles, sinon la plus belle inspiration de la littérature antique.

« O toi, qui baisses les yeux vers la terre, dit Créon à Antigone, avoues-tu avoir répandu la poussière sur le corps de celui qui n'est plus?

— Je l'avoue.

— Ignorais-tu donc le décret défendant d'ensevelir le mort?

— Je le connaissais. Comment l'aurais-je ignoré, puisqu'il avait été publié dans Thèbes?

— Et alors, connaissant cette loi, tu l'as transgressée?

— C'est que ce ne sont point les Dieux, ni la Justice, leur compagne, qui l'ont édictée. C'est l'œuvre d'un mortel, qui se croyait assez de puissance pour détruire par sa proclamation les lois divines dont l'existence n'a point eu de commencement, car elles sont éternelles. Ce sont ces lois qui m'ordonnaient d'ensevelir un frère [1]. Et c'est à elles, et non pas à cette loi

1. Les anciens peuples de la Grèce étaient persuadés que si les corps des défunts n'étaient pas ensevelis, leurs âmes, en proie à de cruelles souffrances, erraient, pen-

d'un jour, édictée par toi, que j'ai obéi. Et voici, ô mon Polynice, (elle dit ces paroles un peu avant d'expirer) que je descends vers toi, *saintement criminelle*, dans le séjour d'Hadès, où m'attendent mes bien-aimés morts. »

J'ai cité de mémoire; car hélas! trois fois hélas! je n'ai plus mes chers livres, et ce n'est pas un petit chagrin. J'ai bien reproduit l'idée générale du passage, mais non pas le sens exact, bien plus énergique dans Sophocle.

Vous m'avez dit, mon cher Frédéric, que votre frère Charles [1] se demandait, l'autre jour, avec anxiété, quelle attitude il devrait prendre, si ses chefs militaires lui donnaient l'ordre de faire marcher ses soldats contre les couvents. — Il est certain que l'hypothèse n'est pas chimérique. — Il vous a prié de m'interroger là-dessus.

Je répondrai que s'il s'agit seulement de *maintenir l'ordre* pendant l'exécution de ces lois ou de ces décrets détestables, il peut faire

dant cent ans, sur les bords du Styx sans pouvoir le traverser. Aussi attachaient-ils une souveraine importance à rendre aux cadavres de leurs parents les derniers devoirs. Créon, roi de Thèbes, ayant défendu, sous peine de mort, d'enterrer le corps de Polynice, Antigone, sœur du malheureux prince, brava la défense du tyran et paya de sa vie son dévouement fraternel.

1. Charles B. était alors lieutenant de cuirassiers.

ce qu'on lui dira, puisque cette besogne, en elle-même, n'est pas essentiellement liée avec l'iniquité que prépare le gouvernement.

Mais s'il s'agissait d'enfoncer les portes, de crocheter les serrures, de chasser les religieuses ou les religieux de leur domicile, je répondrais sans hésitation : Non-seulement vous n'êtes point obligé d'exécuter l'ordre, mais vous n'en avez pas le droit. C'est un commandement qui impose des actes injustes, attentatoires à des droits certains, aux droits les plus sacrés de la conscience, aux droits imprescriptibles de l'Eglise de Jésus-Christ, à qui le Seigneur a dit : *Allez, enseignez toutes les nations.* Donc cet ordre, donc cette loi, donc toutes les lois et tous les ordres pareils sont radicalement nuls et ne peuvent en aucune façon lier la conscience ; car ils sont en opposition formelle avec la volonté divine, source de toute justice et de toute vérité. *Omnis potestas a Deo!*

L'autre jour, je causais avec un officier qui me posait la même question : « Mais enfin, disait-il, je puis me trouver entre deux devoirs : mon devoir de chrétien, qui me défend de persécuter les fidèles et de violer les droits de l'Eglise, et mon devoir de soldat qui m'oblige à marcher sans discussion où l'on m'envoie et à faire tout ce qui m'est commandé ».

Ma réponse le surprit d'abord. Mais, comme c'est un esprit juste et droit, après quelques instants de réflexion il se déclara convaincu. « Vous ne pourrez jamais, lui disais-je, vous trouver ainsi entre *deux devoirs véritables*. Il peut arriver parfois qu'on hésite et qu'on se demande anxieusement *où est le devoir*; mais quand la conscience impose *clairement, évidemment*, d'agir ou de s'abstenir, c'est Dieu lui-même qui manifeste sa volonté. Par conséquent aucun devoir contraire ne peut coexister avec celui-là ; car Dieu, qui est la source et le fondement de toute obligation, militaire ou autre, ne peut être en contradiction avec lui-même, à la fois vouloir et ne vouloir pas ! Donc aucune obligation militaire ne peut subsister à l'encontre d'un commandement *certain* de la conscience, parce que, dit Bossuet, *il ne peut pas y avoir de droit contre le droit*, hypothèse absurde supposant Dieu donnant à la fois, à la même personne, deux ordres contraires, ce qui répugne absolument dans les termes.

« Si le commandement militaire, quel qu'il soit, obligeait toujours à l'obéissance, qu'auraient donc dû faire les glorieux martyrs de la légion Thébéenne, à qui l'ordre fut donné par l'empereur Maximien de sacrifier à l'idole élevée au milieu du camp ?

« Ordre légal, à coup sûr. C'était l'empereur, le général en chef des armées qui commandait à ses soldats d'obéir. Et pourtant il n'y eut pas, dans le cœur des confesseurs de la foi, une seconde d'hésitation. Maurice, Exupère et Candide, les principaux officiers de la légion, rassemblèrent leurs soldats, et, dans une harangue enflammée, Maurice leur rappela que les chrétiens obéissent à Dieu plutôt qu'aux hommes.

« Et la légion tout entière, saintement désobéissante, paya de sa vie la liberté de sa conscience et sa fidélité à Jésus-Christ.

« Et les soldats qui conduisaient les martyrs au supplice, et ceux qui les exécutaient, *très légalement*, on ne peut le nier, étaient-ils donc couverts par l'autorité des empereurs et avaient-ils vraiment le devoir de verser le sang des chrétiens ?

« Poser ces questions, c'est y répondre, n'est-il pas vrai ?

« Et pourtant, si tout ordre légal, juste ou non, doit être obéi, il faut soutenir que les juges qui ordonnaient le supplice des chrétiens ne faisaient que leur devoir, comme aussi les bourreaux qui les mettaient à la torture.

« Vous n'admettez pas cette conséquence, n'est-ce pas ? c'est donc que vous appuyiez tout à l'heure votre raisonnement sur un faux principe, quand vous disiez que tout ordre légal entraîne pour l'inférieur le devoir d'obéir.

— Mais, direz-vous peut-être, vous admettez pourtant, mon Père, qu'on a le droit de faire marcher l'armée contre les grévistes ? Eh bien ! les deux cas sont tout à fait similaires. — Pardonnez-moi ; ils me semblent, au contraire, essentiellement différents.

En effet, s'il s'agit d'une grève *avec son cortège habituel de violences et d'émeutes*, — car la grève, en elle-même, n'est pas un délit — les soldats ont à exécuter des ordres parfaitement raisonnables, puisqu'on les envoie pour réprimer d'injustes attaques contre la propriété, contre la sûreté des personnes et la liberté du travail. S'il arrivait, au contraire, qu'on leur commandât de marcher à l'assaut des couvents, ce serait leur ordonner de commettre une injustice, de violer la liberté des honnêtes gens, les droits de l'Eglise et de la conscience catholique. Le second cas est donc, bien évidemment, tout différent du premier. »

— Mais je vous entends me dire : « Je suppose l'ordre donné à des officiers, à des soldats socialistes, de tirer sur les grévistes. Que devront-ils faire, si leur conscience leur défend d'obéir ? »

Si vraiment mon cher Frédéric, leur conscience condamnait cet acte, ils devraient, c'est bien clair, obéir à leur conscience, parce que la conscience doit toujours être obéie — même quand elle contredit l'ordre du supérieur — *si son jugement s'impose avec évidence*. Mais, permettez-moi de le dire, pareille conviction, pareille certitude me paraissent, au moins, douteuses, pour le cas qui nous occupe. Et c'est pourquoi les juges du conseil de guerre auraient le droit de condamner les soldats récalcitrants, parce que, *selon toute apparence humaine*, ils seraient coupables. Dans le cas précédent, au contraire, le bon sens et la justice seraient d'accord pour proclamer que l'ordre donné est mauvais et qu'il ne peut avoir pour fondement la volonté divine, source unique, en définitive, de toute obligation et de tout droit.

Evidemment les impies, les libres-penseurs ne peuvent admettre cette vérité ; mais elle est pourtant certaine et s'impose à la conscience du chrétien.

Adieu, adieu, je suis de cinq minutes en retard pour dîner, et Julien bougonne et rage, que c'est une bénédiction; il va me bouder au moins huit jours! Bien à vous de cœur. X. *sj.*

Paris, le 8 décembre 1901.
Fête de l'Immaculée Conception.

Mon cher Frédéric. — Vous m'avez consulté sur le genre de punitions à infliger aux élèves. Parlons-en donc, un peu, ce matin.

Règle générale : donnez peu de punitions, et que ces punitions soient très modérées. N'imitez pas certains maîtres qui administrent à tour de bras de formidables pensums, quatre cents lignes, cinq cents lignes, où même davantage. C'est bientôt dit; mais avez-vous calculé le temps que l'enfant devra mettre à s'acquitter de cette tâche? Et si votre collègue s'est montré aussi généreux que vous, ne voyez-vous pas que le malheureux écolier est incapable de se tirer d'affaire? A quoi donc alors auront servi ces punitions, sinon à le décourager, à l'énerver, à lui rendre le collège odieux?

Pour satisfaire les maîtres qui l'ont puni il devra nécessairement bâcler ses devoirs. Le professeur, alors, interviendra et sévira à son tour. Si l'enfant donne satisfaction à celui-ci, il lui sera souvent impossible de contenter ceux-là. Le voici donc dans une impasse.

J'ai vu, plus d'une fois, des élèves de ma classe tellement déconcertés par cette situation sans issue, que je n'hésitais point, pour les en tirer, à les dispenser de devoirs pour deux ou trois jours, s'il le fallait. Alors ils reprenaient pied et se remettaient avec courage à la besogne. N'oubliez pas, mon cher Frédéric, que le découragement est, pour les enfants, le plus redoutable ennemi, et que cette fâcheuse impression peut les démoraliser si complètement qu'ils soient exposés aux pires tentations.

Dix lignes à copier... mais dix lignes très appliquées, et qu'on devra recommencer, sans merci, tant qu'elles ne seront pas parfaitement écrites; quelques minutes d'arrêts, qu'on fera faire à un moment où le jeu est particulièrement intéressant; la privation d'un dessert préféré; autant de petites punitions qui seront très efficaces, si on les administre à propos et si on exige avec soin leur accomplissement. Elles ont aussi l'avantage qu'elles ne peuvent ni décourager l'enfant ni l'accabler, ni avoir aucun effet fâcheux pour sa santé.

Même remarque à faire pour ces heures d'arrêts données sans discrétion. Quand on est fatigué, énervé, irrité intérieurement, souvent par les efforts mêmes que l'on fait pour ne pas l'être — à qui cela n'arrive-t-il pas dans la profession? — il est très facile, à ces moments-là, si on ne se surveille pas vigoureusement, d'infliger trois ou quatre heures d'arrêts pour une espièglerie qu'on aurait aussi bien réprimée par un quart d'heure de la même peine.

J'ai rencontré des élèves qui avaient reçu, coup sur coup, de différents maîtres, des arrêts dont l'addition s'élevait à huit ou dix heures. Sans doute il n'était venu à l'idée d'aucun des professeurs ou surveillants que la punition donnée par lui allait, s'ajoutant à plusieurs, produire un pareil total. On avait obéi à un mouvement de vivacité, sans mauvaise intention aucune, j'en suis persuadé; mais enfin il faudrait réfléchir et comprendre ce qui va se passer.

Si vous êtes obligé de lever la punition, parce que l'enfant est moralement incapable d'en venir à bout, vous diminuez, à ses yeux, votre autorité. Si vous exigez intégralement l'exécution de la peine, voici un enfant qui va rester, deux ou trois jours, sans jouer, sans courir, sans aucun moyen de combattre l'ennui et les inconvénients de toutes sortes qui en sont la suite. Sans compter qu'il faudra bien que la nature reprenne ses droits; et alors c'est en étude et en classe que l'écolier prendra sa récréation pour le plus grand agrément de vos collègues.

Et qu'arrivera-t-il, si chacun des maîtres — le cas n'est pas chimérique — exige que la punition qu'il a infligée, *sa punition à lui*, soit faite la première?

Je me rappelle encore certaine lettre adressée au Préfet d'un collège, par un espiègle de quatrième, qui, puni ainsi de deux côtés à la fois, voulait malicieusement tirer parti de la situation. Voici la teneur exacte du billet :

« Mon Révérend Père — Monsieur X. m'a donné deux heures d'arrêts, et Monsieur Y. m'a donné aussi deux heures d'arrêts... Et Monsieur X. veut que je commence par faire ses arrêts *à lui*, et Monsieur Y. lui aussi, veut que je commence par les siens. Mon Révérend Père, par lesquels faut-il commencer? »

Le Préfet s'en tira en homme d'esprit. Il répondit à l'enfant qu'il aurait à faire, au lieu des pensums déjà reçus, quatre heures d'arrêts pour le Père Préfet. Il n'y avait rien à répliquer; mais mieux vaudrait tout de même ne pas créer à soi ni à d'autres ces embarras-là.

Certains enfants ont besoin d'être fouettés. Un pareil traitement serait, j'en conviens, plus nuisible qu'utile à la plupart de nos garçons. Mais il y a des natures tellement insensibles à tout autre genre de punitions, qu'il faut enfin se décider, quand on a épuisé tous les autres moyens, à l'emploi de cet argument-là.

Sans doute, nous ne pouvons pas être, nous-mêmes, les exécuteurs de la sentence, si juste soit-elle. Il faudra donc, le cas échéant, faire appel *au bras séculier*, c'est-à-dire aux parents, qui, s'ils sont vraiment sages, et capables de réprimer l'émoi d'une tendresse mal entendue, n'hésiteront pas à rendre à leur enfant un service aussi nécessaire.

Un père, une mère de famille manquerait gravement à ses devoirs en n'usant point du châtiment corporel si l'enfant se montre obstinément rebelle à toute autre action.

Une paresse incorrigible, une mollesse invétérée qui finit par asservir l'âme sous le joug des sens, qui l'assoupit, qui l'endort, pour ainsi dire, dans la chair, comme certains animaux que la saison d'hiver engourdit, l'orgueil surtout, le plus redoutable des vices s'il n'est pas vigoureusement combattu [1], voilà des défauts contre lesquels il faut employer la crainte. Usez-en en dernier lieu, je le veux bien, après avoir essayé de tous les autres remèdes; mais servez-vous en; et s'il faut aller jusqu'au fouet, n'hésitez pas. C'est dur, je le comprends; mais il faut avoir ce courage, d'autant plus qu'étant données les idées du jour, vous seuls, pères et mères de famille, pouvez employer ce genre de châtiment.

J'ai encore oublié, Frédéric, que je m'adressais à vous, et voici que je me prends à chapitrer papas et mamans. Ma foi, puisque j'y suis, je poursuis ma philippique.

Oui, pères et mères, frappez cet enfant dont une mollesse incurable compromet l'avenir en ce monde et surtout le salut éternel. Frappez cet orgueilleux qui résiste en face à son père,

1. L'orgueil est la source de presque tous, pour ne pas dire de tous les péchés. C'est l'orgueil qui a perdu Lucifer; c'est par une tentation d'orgueil que l'ange maudit a fait tomber nos premiers parents, et c'est par l'orgueil encore qu'il s'acharne à consommer la ruine de leurs descendants. C'est à l'orgueil que les tentations nous acheminent, et quand l'orgueil a pris possession d'une âme, il la jette, enivrée, sur les pentes rapides qui conduisent à l'abîme éternel.

7

à sa mère, à ses supérieurs, qui lève sur eux un insolent regard et répond qu'il n'obéira point à leurs ordres. Cette estime désordonnée de lui-même, qui lui fait mépriser toute autorité, le fera probablement tomber dans les fautes les plus graves, si, par un coup d'énergie, vous ne sauvez cette pauvre âme prête à périr. Vous n'aimeriez pas cet enfant, si, pour vous éviter une émotion pénible, un sursaut de tendresse émue, vous laissiez grandir le vice dans son âme en refusant de lui donner la seule leçon qu'il puisse encore entendre, celle de la crainte. Vous y êtes obligés envers votre enfant; et si vous vous dérobez à ce devoir, pénible sans doute, mais si impérieux, vous trahissez l'âme dont Dieu vous a confié la garde. *Qui parcit virgæ, odit filium suum,* dit l'Esprit-Saint. Celui-là hait vraiment son fils, qui néglige de le châtier.

Voilà, mon bon Frédéric, tout ce que j'ai à vous dire, pour le moment, sur la question des punitions. A dimanche, donc, et bon courage! *Tuus in X°.* — X. s *j*.

Paris, ce 15 décembre 1901.

Mon cher Frédéric. — Voici, me dites-vous, qu'on vous supplie d'accepter la classe de rhétorique pour l'an prochain. Et vous avez à moitié dit oui, quoique le goût naturel n'y soit pas du tout. Vous avez bien fait, et je vous en félicite, bien qu'au point de vue humain la situation manque un peu de charmes. Je sais par expérience qu'il y a beaucoup d'ennuis et de désagréments à cueillir dans ces bénies fonctions, surtout quand on a l'avantage de les exercer longtemps ; mais enfin, vous pourrez y récolter de nombreux mérites, et, à ce point de vue, je ne puis que vous congratuler, en vous souhaitant de mieux réussir que votre vieil ami dans cette chasse aux profits surnaturels.

Puis donc que vous serez professeur de rhétorique, il faut que je vous fasse tout de suite une petite remarque, que je serais exposé très probablement à perdre de vue, si je ne vous en parlais dès maintenant :

Surveillez la santé de vos élèves.

Certes, vous n'en êtes pas chargé directement, comme le supérieur et le sous-directeur de votre collège. Mais, si vous veniez à remarquer que tel ou tel enfant s'affaiblit, s'étiole, s'épuise et semble, comme on dit, *filer un mauvais coton*, vous devez avertir qui de droit. Le cas est assez fréquent, en rhétorique, et c'est justement la raison qui m'engage à vous en parler.

Les élèves de seconde ou de rhétorique ont atteint, d'ordinaire, une des périodes les plus critiques de la vie, au point de vue de la santé physique, et c'est précisément à ce moment-là, alors qu'ils auraient besoin de grand air et d'exercices fréquents, qu'ils sont saisis par les exigences des programmes universitaires et obligés à un travail de tête beaucoup trop intense pour la plupart d'entre eux.

Un écolier courageux, qui ne s'écoute pas et va jusqu'à l'extrême limite de ses forces, peut facilement, à cet âge, devenir phtisique.

Vous me direz que le danger paraît un peu chimérique pour la très grande majorité des élèves, qui ont grand soin de ménager le fils à papa. C'est exact; mais il y a aussi des natures ardentes, et, presque tous les ans, durant ma longue carrière, j'ai rencontré de ces travailleurs acharnés dont il fallait modérer le zèle. C'est assurément le professeur, qui, les voyant tous les jours, est le plus à même de s'en rendre compte. Quand le cas se présentera, n'hésitez pas à prévenir parents et supérieurs. Il faut alors diminuer la tâche quotidienne de l'écolier, supprimer même, au besoin, tout travail intellectuel pendant quelques jours ou quelques semaines, et, s'il est possible, remplacer l'air de la classe par celui des champs.

J'ai conscience d'avoir sauvé ainsi plus d'un enfant. L'examen, d'ordinaire, ne s'en porte que mieux. Et puis, après tout, mieux vaut un échec, à la fin de l'année, qu'une santé compromise ; c'est bien évident.

Sans doute il se trouvera des écoliers paresseux qui tâcheront de se *faire porter malades*, comme on dit à la caserne, et de *refaire* parents et médecins. Evidemment il faut prévoir le truc. *Videant consules*. Le dernier mot restera à la docte Faculté.

Au cours de la grande enquête faite, ces temps derniers, sur l'enseignement secondaire en France, à peine a-t-on soulevé cette question, si tant est même qu'on en ait dit un traître mot. On n'a pas remarqué que les programmes officiels, dans leur surabondance outrée, ne tenaient aucun compte de l'état physiologique des garçons de quatorze à dix-sept ans. C'est une grosse lacune. On dirait que nos faiseurs de règlements scolaires, *nos rhétoriqueurs*, eût dit Rabelais, ignorent absolument ce qu'est, physiquement et moralement, un adolescent de cet âge; qu'ils n'ont jamais vu languir et s'émacier un grand diable de seize ans, ses yeux brillants se cercler de noir, sa poitrine se ramasser, ses jambes et ses bras, poussés trop vite, s'arc-bouter, quand il est au repos, comme impuissants à le soutenir.

On aurait dû se préoccuper de cette question, et l'on eût compris, je l'espère, la nécessité d'alléger les programmes beaucoup plus qu'on ne l'a fait.

Ce que je vais dire n'est point, tant s'en faut, l'unique point de vue qui doive nous préoccuper. Mais enfin, autant d'adolescents sauvés par une sage économie de leurs forces, autant de soldats de plus! Et cette considération a bien sa valeur, aussi.

La commission d'enquête a consulté beaucoup de supérieurs d'établissements, qui ont fait certainement d'excellentes remarques; mais laissez-moi vous dire que ces messieurs vivent, d'ordinaire, *trop loin de l'enfant* pour le connaître à fond. On n'eût pas mal fait d'interroger quelques professeurs, quelques surveillants, pris aussi bien dans l'enseignement libre que dans l'enseignement officiel. Quelques-uns d'entre eux auraient donné, peut-être, de très utiles renseignements, parce qu'ils sont, pour la plupart, très documentés.

Je vous vois sourire, méchant Frédéric, et si vous ne le dites pas tout haut, par respect pour votre vieux maître, vous dites certainement tout bas : « Décidément le vieux Père X. n'eût pas été fâché d'être convoqué, lui aussi, au Palais-Bourbon. Il doit souffrir d'une déposition rentrée et mériterait qu'on lui fît la réponse adressée par ce bon bourgeois (dans *l'Amour médecin*, de Molière) à un bijoutier de ses amis qui lui conseille de donner à sa fille malade pendants d'oreilles et bracelets pour la guérir : « Vous êtes orfèvre M. Josse! »

N'est-ce pas, Frédéric, que j'ai deviné? Eh bien! il y a du vrai, peut-être. En tout cas je vous pardonne votre malice.

Pour en revenir à nos enquêteurs, j'avoue qu'ils se sont donné beaucoup de mal; mais le point de vue que je signalais tout à l'heure n'a point été étudié d'une manière utile.

Que dire des nouveaux programmes issus de cette gestation laborieuse?

Ils doivent, affirme-t-on, remédier à tous les maux ! Nous verrons bien ; mais je doute que ces solennelles assises aient plus d'efficacité que les fameuses conférences de La Haye, qui ont valu aux *conférenciers* tant de décorations et tant de banquets, sans empêcher malheureusement l'odieux écrasement des Boërs ni les massacres des chrétiens d'Orient.

Pour ce qui est des nouveaux programmes, suspendons notre jugement, et souhaitons qu'on ne puisse pas leur appliquer, un jour, le mot de La Fontaine :

> Qu'en sort-il souvent?
> Du vent.....

D'ailleurs, j'y reviendrai bientôt.

Adieu, enfant chéri ; tout vôtre *in Domino*. — X. *sj.*

Paris, ce 22 décembre 1901.

Mon cher Frédéric. — Vous me parlez longuement, dans une de vos dernières lettres, du jeune Edmond R., qui est, dites-vous, la perle de votre classe. Son intelligence vive et lumineuse, son goût précoce et qui déjà s'affirme avec une sûreté surprenante et une rare indépendance des aphorismes reçus, cette sensibilité profonde, cette âme enfin, si délicate et en même temps si vibrante, et cette grâce exquise, qui, me dites-vous, « rehausse d'un éclat charmant tant d'aimables qualités » — je cite vos propres paroles — tout cet ensemble si sympathique vous rend cet enfant bien cher et vous lui prodiguez, sans compter, votre temps et vos soins. Et vous ajoutez que vos autres élèves ne perdent rien pour cela de ce qui leur est dû, et que vous faites grande attention à ne point laisser paraître vos préférences à l'endroit de ce brillant sujet.

Je veux bien croire que tout ceci est exact, au moins dans votre intention. Mais songez, Frédéric, qu'il est bien difficile qu'une sympathie si profonde ne se trahisse pas quelquefois, à notre insu; prenez garde aussi, qu'en voulant faire d'une nature aussi merveilleusement douée quelque chose d'absolument parfait, vous n'alliez, à l'encontre de vos désirs, la rapetisser, l'amoindrir, la vulgariser.

Croyez-en, cher ami, mon expérience. Cette

admiration, cette estime particulière, cette sollicitude empressée, cette dépense de soi-même au profit d'un élève de choix, la préférence fût-elle cent fois justifiée, tout cela, quatre-vingt-dix-neuf fois sur cent, n'aboutit à rien de bon ni pour le maître, ni pour l'enfant. Vous vous diminuez vous-même en concentrant ainsi sur un seul, ou même, si vous voulez, sur trois ou quatre, la meilleure part de votre affection et de vos soins.

Je vous dis franchement ce que je pense, parce que je vous sais assez humble pour entendre la vérité.

A votre insu, vous cherchez moins la gloire de Dieu et les véritables intérêts de cet enfant que le vôtre propre ; je veux dire, le plaisir que vous éprouvez à vous occuper d'une nature d'élite, d'une âme exquise dont vous vous plaisez à respirer le parfum. Mais sachez bien, mon ami, que cette petite perfection-là se rend parfaitement compte des sentiments qu'elle a inspirés à son professeur, et que cette constatation lui fera grand tort.

Je vous étonne, Frédéric ? Réfléchissez, et vous verrez que je ne me trompe pas. Vous donnez à ce pauvre enfant la pensée, confuse d'abord, qu'il a plus de valeur que les autres.

Cette idée, bientôt, prend corps, se précise et pénètre profondément son esprit. Il en arrivera très vite à croire fermement qu'il est un être supérieur à ses camarades, et que tous les soins dont il est entouré lui sont dus, au point qu'il regarderait comme une injustice, comme un tort à lui fait, d'être traité comme les autres. Oh! qu'il deviendra vite orgueilleux, infatué de lui-même, et, dans la force du terme, *un enfant gâté* !

Sa vanité prendra bientôt de tels accroissements, si vous ne changez bien vite de méthode, qu'il vous paraîtra, à vous-même, insupportable. Oh! si vous saviez combien les enfants trop choyés vous récompenseront mal un jour de vos peines! Ils vous *lâcheront*, passez-moi l'expression, avec un sans-gêne parfait et vous montreront très vite qu'ils possèdent, à défaut d'autres vertus, la complète indépendance du cœur [1].

Ce n'est point ainsi qu'il faut élever la jeunesse. La méthode ne vaudrait rien, même pour des fillettes. Que dire, s'il s'agit de nos garçons!

1. La plupart du temps, — nous ne disons pas toujours, — ce sont les enfants pour qui l'on n'a point eu d'attentions spéciales qui vous prouvent le mieux, plus tard, leur reconnaissance.

Un mot d'encouragement, dit en passant, une parole, affectueuse sans doute, mais toujours énergique et sobre, voilà ce qui leur fait du bien. Vous leur prouvez ainsi, sans grands apprêts, votre affection ; ils comprennent que vous vous intéressez à eux, qu'ils peuvent, au besoin, compter sur vous, que vous êtes près d'eux pour les aider, les soutenir, virilement toujours et sans faiblesse, mais avec un sincère dévouement.

C'est ainsi qu'on forme des âmes énergiques et vaillantes. L'autre éducation les amollit, les énerve, en fait des êtres d'impression, où le sentiment se développe à l'excès, au détriment de la volonté. Ce n'est pas cette formation-là qu'ils venaient chercher près de nous et que nous devions leur donner.

Jamais, non plus, ne leur faites de compliments. Dites, si vous voulez : « Allons, cela commence à venir ; vous vous formerez, j'espère. Courage ; vous n'êtes pas au but ; mais vous y arriverez si vous priez bien et si vous ne vous épargnez pas. »

Mais ne dites jamais : « Vous êtes l'élève le plus intelligent, ou l'un des plus intelligents que j'aie connus ; vous écrivez bien ; vous êtes supérieur à la moyenne, etc., etc.

Vous n'avez pas l'idée du triste effet que produisent ces compliments-là. Outre qu'ils sont ridicules, ils sont très funestes aux enfants, qui en crèvent de vanité, se mettent, dans leur estime, très au-dessus de leurs camarades et ne travaillent plus sérieusement.

Je croyais, quand j'étais jeune, que les éloges décernés à toute une classe l'excitaient efficacement au travail. J'en suis bien revenu !

Dire à vos élèves : « Vous êtes forts, vous êtes ce qu'on appelle une bonne classe, une classe brillante... » ou quelque chose d'équivalent, c'est leur porter, soyez-en sûr, un coup funeste. Immédiatement le travail baisse énormément, comme la Bourse, au bruit d'une mauvaise nouvelle ; les devoirs sont faits sans application, les leçons mal apprises ; rien ne va plus. Et cependant chacun de vos élèves *se gobe*, pour employer l'expression vulgaire, et se dit avec conviction : « Nous sommes forts, nous autres ! »

Et cette persuasion qu'ils font partie d'une classe brillante — appréciation parfois naïve d'un jeune maitre plein d'enthousiasme — cette persuasion, disons-nous, relève si bien, à leurs propres yeux, les élèves qui composent ce qu'on appelle vulgairement *la queue* de la classe, qu'elle leur ôte complètement la conscience de leur faiblesse.

J'ai vu de jeunes professeurs ravis d'entendre le supérieur du collège faire l'éloge public de leur classe; j'en sais d'autres, qui connaissant mieux la nature humaine, suppliaient l'autorité de vouloir bien laisser dans l'ombre les mérites de leurs élèves.

Je vous fais, peut-être, un peu de peine, aujourd'hui, mon cher Frédéric; mais, comme je vous le disais tout à l'heure, je vous estime assez pour croire qu'on peut vous dire la vérité. Bien vôtre en N. S. — X. *sj.*

Paris, ce 29 décembre 1901.

C'est à Ker-Maria que je compte adresser ma lettre, mon cher enfant; car je me figure que malgré la distance qui vous sépare de maman, vous trouverez bien le moyen de passer près d'elle les quelques jours de vacances que vous donnera la nouvelle année. C'est qu'il s'agit bien de véritables *vacances*, puisque professeurs et écoliers prennent la clef des champs pour six, sept ou même huit jours. Je ne blâme pas... je constate seulement que, *de mon temps* — vous savez, quand on est vieux, on est toujours, plus ou moins, *laudator temporis acti* — de mon temps, donc, on donnait un jour, deux jours de congé au début de l'année nouvelle. J'ai encore dans l'oreille les exclamations que poussèrent papas et mamans, quand, un beau soir, après la lecture des notes trimestrielles, le supérieur de notre collège annonça que nous aurions trois jours, à l'occasion du nouvel an. Nous autres gamins, nous trépignions d'allégresse. Et derrière nous les parents se disaient entre eux, moitié contents, moitié fâchés : « Trois jours... mais ce sont de véritables vacances ! »

Comme tout change, n'est-ce pas ? Est-ce un bien ? Est-ce un mal ? On pourrait discuter à perte de vue. En tout cas, je suis ravi, pour vous et pour votre chère maman, que vous ayez la consolation de vous voir un peu, et je bénis Dieu de vous procurer à tous deux cette grande joie.

Je vous souhaite, mon cher enfant, pour cette année nouvelle, les grâces les plus abondantes de l'Esprit-Saint, (c'est mon meilleur souhait) et puis la délivrance de cette corvée qui vous est si méritoire, mais bien pénible aussi, je le comprends. Vous, demandez pour moi la patience; j'en ai grand besoin; car, pour un religieux, cette vie est bien douloureuse. Aussi, malgré ma vilaine voix, quel beau *Te Deum* je chanterai, quand la liberté nous sera rendue! Dieu veuille pardonner à nos persécuteurs qui nous l'ont ravie. Les malheureux! S'ils voulaient seulement réfléchir aux leçons du passé! ils comprendraient peut-être l'inanité de leurs plans. Mais non... Après vingt siècles d'expérience, ils espèrent toujours triompher, là où de bien plus grands qu'eux ont échoué misérablement. Leur œuvre de haine, à eux aussi, ne vivra qu'un jour, et, comme les persécuteurs des générations disparues, un peu plus tôt, un peu plus tard, ils seront terrassés par la mort, vengeresse inexorable de ce Dieu qu'ils ont méconnu; et l'Eglise poursuivra sa marche triomphante, et la vie religieuse fleurira encore sur cette terre d'où ils avaient voulu l'effacer pour toujours.

Puisse, du moins, cette année 1902 leur apporter de salutaires remords et la contrition de leurs péchés!

Puisque nos causeries vous font du bien, continuons à converser à distance. Aujourd'hui et demain je suis assez libre, profitons-en. Ma lettre partira lundi et vous arrivera le 31, dans la soirée, *pour vous la souhaiter bonne et heureuse*. Ne me répondez pas tout de suite. Je me reprocherais d'enlever à votre pauvre maman une seconde de votre bénie présence à Ker-Maria. Je ne veux pas de lettre avant votre retour à N.

Nous disions donc, mon cher Frédéric, qu'il faut apprendre à vos enfants à orienter leur existence, à lui donner un but, et un but sérieux.

On rencontre des jeunes gens, de tout jeunes gens, qui ont déjà réglé définitivement leur vie. Ils ne travailleront pas ; leur résolution est irrévocablement prise. Ils ont bien autre chose à faire, en vérité ! Ils ont à s'amuser, à jouir de la fortune que leur ont préparée leurs parents. Ce sont des âmes bien petites, bien vulgaires, et dont il n'y a rien de grand, ni même rien d'utile à espérer. Ils sont, à coup sûr, les premiers coupables de cette oisiveté honteuse, de cette lâche indifférence où se consumera en vain leur existence. Mais ils ont peut-être une excuse, aussi : c'est qu'on ne leur a pas montré clairement la nécessité de concentrer leurs efforts vers un but à atteindre, une position à conquérir. Cette nécessité, cependant, est bien évidente pour ceux qui n'ont point une grande fortune à espérer. Il est facile, à coup sûr, de les en convaincre, s'ils ne sont pas rebelles au plus simple raisonnement. Quant à ceux qui ont l'espérance de posséder, un jour, de grands biens, ils sont, à mon avis, les plus à plaindre ; car ils auront de graves dangers à courir. Tâchez, dans vos rapports journaliers avec eux, dans vos entretiens particuliers, et même en classe, quand l'occasion s'en présentera — il est toujours facile de la faire naître — tâchez de leur faire bien comprendre cette vérité que *le travail est très important pour le salut.*

Et puis, de nos jours surtout, un jeune homme est-il donc si sûr de jouir de la fortune de ses parents? S'il venait à la perdre, par l'effet de ces bouleversements sociaux qui menacent de plus en plus la sécurité publique, que deviendrait-il? Comment vivre, et comment faire vivre les siens, s'il n'a jamais voulu accepter la loi salutaire du travail et apprendre à se suffire à lui-même?

J'ai réussi assez souvent à persuader les enfants de cette vérité si simple. Mais comme ils sont très légers, ce n'est pas assez de la leur exposer une fois; il faut y revenir sans cesse, et, pour ne pas en faire un objet d'ennui, la reproduire, sans se lasser, sous différentes formes.

Il est un principe, surtout, qu'il faut s'efforcer de graver bien avant dans leur esprit; et pour cela il est nécessaire de saisir adroitement et naturellement, sans forcer la note, toutes les occasions qui se présentent de leur en parler. Faites-leur bien comprendre *que la vie n'est pas faite pour jouir, pour s'amuser; que ce n'est point là le but de notre existence ici-bas; que nous sommes sur la terre pour sauver notre âme, et que tout le reste doit être subordonné à cette fin suprême.*

Sans doute vous n'avez point à le dire *ex professo,* comme un prédicateur ou un confesseur. Mais il y a une foule de circonstances où, d'un mot bref et incisif, vous pouvez faire entrer cette idée dans leur cœur et dans leur tête. Certes, ce ne sera pas l'affaire d'un jour, d'une semaine, d'un mois. Soyez patient, et le succès couronnera vos efforts. Peu à peu cette pensée pénétrera doucement leur âme, comme la goutte d'eau finit par creuser la pierre, et, quand ils sortiront de vos mains, ils auront au cœur l'esprit de foi, c'est-à-dire l'habitude de marcher dans la vie à la lumière de l'éternité. Plusieurs, sans doute, feront naufrage; mais si leur âme, au temps de la jeunesse, a été profondément imbue des principes chrétiens, presque toujours le flambeau gardera quelques étincelles, et un jour, la grâce aidant, il se ranimera tout à fait.

Un jeune religieux se désolait à la pensée que plusieurs des enfants qu'il avait alors sous sa garde oublieraient les principes de leur éducation et s'éloigneraient du service de Dieu. Comme il exprimait sa tristesse à son supérieur : « Consolez-vous, mon Frère, lui fut-il répondu. Beaucoup de nos enfants, Dieu merci, persévèrent dans la bonne route. Il en est malheureusement qui s'en écartent. Mais soyez certain que nous leur avons mis le remords au cœur, et qu'ils le garderont sans pouvoir s'en défaire, comme le poisson, après avoir brisé la ligne, garde l'hameçon qui l'a blessé. »

Et c'est justement, mon cher Frédéric, ce qui excite contre nous la haine de nos ennemis. Ils nous en veulent à mort d'orienter vers Dieu ces petits que Jésus aime tant; ils nous en veulent, surtout, de les avoir si bien pénétrés de l'esprit de foi, que si plusieurs d'entre eux, emportés par leurs passions, aux heures critiques de la jeunesse, ont secoué le joug de la loi divine, ils gardent pourtant, au fond du cœur, quelque chose des principes qu'ils ont reçus dans leur enfance.

Voilà ce qui met en rage les ennemis de Dieu et leur fait pousser contre nous le *tolle* des Juifs contre Jésus-Christ : « Otez-les, chassez-les, supprimez-les ! Car le remords qui nous reste au cœur nous empêche de jouir de la vie, et nous voulons nous venger de ceux qui ont empoisonné nos plaisirs. »

Quelques-uns de nos anciens élèves — c'est, Dieu merci, le très petit nombre ; et j'insiste sur cette remarque, parce que certaines gens ont coutume de souligner avec de grands éclats le scandale donné par ceux qui ont été élevés dans les écoles catholiques. Que ne comptent-ils les autres, les bons, qui sont le très grand nombre?

Singulier raisonnement ! Un jeune homme se conduit mal... Il sort de tel collège catholique... Voilà pourtant, s'écrie-t-on, les élèves des religieux, les élèves des Jésuites !

Dites-moi donc : N'en sort-il de mauvais que de chez nous? Et les bons, les excellents, qui sont si nombreux, qui donnent le bon exemple, et qu'on voit partout à la tête des œuvres catholiques, ne doivent-ils donc pas compter? Il semblerait, à entendre ces cris de vertu effarouchée, que l'éducation dans un collège chrétien dût rendre un homme impeccable, et que s'il vient à faillir, c'est que ses maîtres lui ont donné de mauvais principes.

Le traître Judas, qui pendant trois années entières vécut avec les autres apôtres dans l'intimité de Notre-Seigneur, avait-il reçu de mauvais principes, et celui qui l'avait formé est-il responsable de sa trahison?

Que prouvent d'ailleurs ces exclamations vertueuses provoquées par de tristes défections? Tout simplement que le fait est anormal et fait exception à la règle. —

Je ferme la parenthèse, et je reviens à mon sujet.

Eh bien! oui, certains de nos élèves deviennent des transfuges et passent à l'ennemi. Et ces malheureux se signalent entre tous par leur ardeur à détruire les collèges chrétiens qui les ont élevés. Spectacle bien triste, à coup sûr, et qui reste une énigme pour bien des gens. Voltaire lui-même n'a-t-il pas dit qu'il faut être dénué de tout sentiment humain pour se montrer ingrat envers ceux qui ont pris soin d'élever votre enfance?

Vous savez maintenant, Frédéric, pourquoi ces gens là se montrent si acharnés contre les religieux. C'est, je vous le disais tout à l'heure, qu'ils nous en veulent de leur avoir mis le remords au cœur et d'avoir établi si solidement la foi dans leur âme, que, malgré tous leurs efforts, ils ne peuvent réussir à la tuer. — A demain.

Ce 29, encore. — Je pensais vous avoir dit adieu jusqu'à demain ; mais on me consigne à la chambre et je me console en causant avec vous.

Figurez-vous que mon excellent docteur et ami, monsieur T., prétend que j'ai une bronchite, *simple* encore, pour le moment, mais qui deviendrait infailliblement *capillaire*, si j'avais l'audace de sortir par le temps qu'il fait. Je réponds que je sortirai quand même. Il menace ; je supplie ; et le voyant inexorable, je commence à me fâcher. Il se fâche, lui aussi. Alors je cède ; car saint Ignace, mon père, veut qu'on obéisse aux médecins.

Inspirez à vos enfants l'amour de l'Eglise. Elle est notre mère. Dieu nous l'a donnée pour diriger nos pas vers le ciel, pour guérir nos maladies, panser nos blessures, nous ressusciter, si nous avons eu le malheur de perdre la vie de l'âme, et nous porter dans ses bras, du berceau à la tombe, jusqu'à la vie qui ne finira pas.

Inspirez-leur l'amour du Souverain Pontife, constitué par Jésus-Christ lui-même comme son vicaire sur la terre et le chef suprême de toute l'Eglise. Engagez-les à prélever sur leur petite bourse la part du Pape, notre père à tous. Cet amour du Pape tend à diminer un peu, de nos jours. J'ai vu jadis de tout jeunes enfants tomber malades de douleur, à la nouvelle que la petite armée de Pie IX avait été écrasée par les Piémontais. Tâchons de ranimer dans les cœurs l'amour du Souverain Pontife et de l'Eglise.

Et la France, notre cher pays! Oh! parlez souvent de la France à vos enfants. Il faut leur faire connaître ce qu'est la France, physiquement et moralement. Je n'ai cure des nomenclatures géographiques où sont énumérés méthodiquement départements, chefs-lieux, sous-préfectures, endroits remarquables, canaux, chemins de fer, lignes de paquebots... toute la lyre, enfin. Elevez votre enseignement, et montrez-leur ce qui fait la splendeur matérielle de la France, ce qui a fait jadis sa splendeur morale, bien défigurée aujourd'hui, hélas!

mais qui refleurira plus brillante, avec l'aide de Dieu, si nous savons former une génération de vaillants.

Faites-leur ouvrir leur atlas, et commencez avec eux votre tour de France.

Qu'elle est belle ! et que le Christ, « qui aime les Francs, » a merveilleusement doué la fille aînée de son Eglise !

Au nord, à l'ouest, au midi, l'Atlantique et la Méditerranée lui brodent une ceinture d'émeraude et d'azur, et leurs flots soumis lui portent l'afflux fécondant des eaux tropicales.

Et puis contemplez les solides remparts qui la gardent, vers le Sud-Est et le Sud, ces puissantes assises des Alpes et des Pyrénées, tour à tour gracieuses ou terribles sous les caresses de la brise ou le souffle des ouragans.

La dernière guerre, hélas! a laissé, au flanc de la patrie, une cruelle blessure, par où la voie reste libre à l'envahisseur. La seule barrière qui défend désormais la trouée des Vosges, c'est la poitrine et le courage de nos petits soldats, la meilleure sauvegarde, après tout, de l'indépendance et de l'honneur du pays. Honte à ceux qui ont pris à tâche d'énerver chez nous le lien de la discipline militaire, le respect de l'autorité, et la confiance mutuelle qui unissait chefs et soldats.

Ce crime-là est un crime de lèse-patrie !

Suivez, avec vos enfants, le cours de ces beaux fleuves qui circulent à travers le sol de la France, la Loire, la Garonne, la Seine, le Rhône, le Rhin... oui, le Rhin, « qui a coulé dans notre verre » et qui arrosera encore un sol français, si Dieu nous juge dignes de recouvrer, un jour, notre chère Alsace.

Où le père a passé passera bien l'enfant !

Faites-leur remarquer que Dieu a placé la France dans la zone la plus heureuse de tout l'univers, sous un ciel clément qui la fait jouir des alternatives des saisons, sans qu'elle ait à souffrir de froids trop rigoureux ou de chaleurs trop accablantes.

Et quelle incomparable variété d'aspects n'offre pas à nos yeux la terre de France !

Bretagne au sol de granit, moins solide encore que la foi des ancêtres, toujours vivante au cœur des fils ; bocage angevin, où s'est livrée « la guerre des géants, » riantes vallées du Perche, côtes azurées de Provence, plaines fécondes de la Touraine et du Berri, parées, avec les beaux jours, de leur manteau de verdure et des riches moissons ondulant, comme des flots dorés, jusqu'aux horizons lointains

Je me rappelle que vous preniez plaisir à déclamer la pièce de Leconte de Lisle : « Midi, roi des Étés ».

....

Seuls, les grands blés mûris, tels qu'une mer dorée,
Se déroulent au loin, dédaigneux du sommeil.
Pacifiques enfants de la terre sacrée,
Ils épuisent sans peur la coupe du soleil.

Parfois, comme un soupir de leur âme brûlante,
Du sein des épis lourds qui murmurent entre eux,
Une ondulation majestueuse et lente
S'éveille, et va mourir à l'horizon poudreux

Quelle contrée prétendrait égaler la France pour la richesse et la variété de ses productions ? Oliviers, mûriers, céréales de toutes espèces ; chanvre, lin, maïs, houblon ; arbres fruitiers de toutes sortes ; la vigne enfin, la grande richesse de notre pays, la vigne, dont le sang généreux s'allume sous les chauds effluves de son beau soleil !

Quelle admirable variété dans ces vins de France : Champagne, Touraine, Anjou, Bordeaux, Bourgogne... impossible de tout citer.

Et dans les entrailles du sol, quels filons

puissants, où Dieu a déposé pour nous la chaleur, le mouvement, la vie!

Ravi par les splendeurs de sa chère Italie, Virgile s'écriait dans une poétique extase :

Salve, magna parens frugum, saturnia tellus!

Que n'avons-nous un Virgile pour chanter la France!

Elle est si belle, notre chère patrie, que l'étranger y afflue — beaucoup trop, hélas! — dans l'espoir de guérir sous son ciel radieux le spleen qu'il a gagné dans des régions moins heureuses.

Il ne la quitte qu'à regret, avec le désir de la revoir un jour, et si d'aventure il feint de la dédaigner, ce n'est que jalousie d'amant malheureux, aimant mieux médire de l'objet aimé que d'avouer sa mauvaise fortune.

Et le Français! Comme il chérit la terre natale! Je ne parle pas des traîtres. Ceux-là ne l'aiment que pour le profit qu'ils en peuvent tirer, pareils à ces tristes enfants qui semblent aimer leur père et leur mère beaucoup moins que l'héritage attendu.

Le Français, lui, le Français de race, ne se décide à quitter la France que sous le coup d'une pressante nécessité, et même alors il emporte avec lui l'espérance de la revoir. La plupart des émigrants français n'ont-ils pas choisi d'avance *le coin de pays,* où ils reviendront s'établir, après avoir fait fortune sous d'autres cieux moins cléments ! Ils veulent y vivre leurs derniers jours et y dormir leur dernier sommeil !

Cinq heures du soir. — Décidément ma bronchite n'était qu'un simple rhume. Le docteur sera bien forcé d'en convenir et de me donner la clef des champs.

Nous n'avons parlé, jusqu'à présent, mon cher Frédéric, que de la richesse matérielle de la France, et encore sommes-nous loin d'avoir tout dit.

Ce qu'il faut surtout faire aimer à vos enfants, c'est l'*âme* de notre patrie, et la mission que le bon Dieu lui a donnée.

C'est la fille aînée de l'Eglise, née au baptistère de Reims, après la victoire miraculeuse de Tolbiac. Le Christ aime la France d'un amour spécial, parce qu'il l'a chargée de veiller à la garde et à l'honneur de l'Eglise, son épouse. Jadis elle était fidèle à sa mission, et quand des fils révoltés osaient élever l'injure jusqu'à l'Eglise, leur mère, l'épée de la France jaillissait hors du fourreau, et traçait une page nouvelle des *gestes* de Dieu.

Alors la France était secourable aux faibles, et le cri des malheureux arrivait toujours jusqu'à son cœur.

Les peuples opprimés le savaient bien, et levant vers le ciel leurs bras chargés de chaînes, les yeux tournés vers nous, ils se disaient tout bas : « La France, un jour, le saura ! »

En ces temps-là, pourtant, il n'y avait ni vapeur, ni électricité, ni téléphone ; mais on savait tout de même, plus vite qu'aujourd'hui, les nouvelles *vraies*, et nos pères étaient prompts à franchir les Alpes ou le Rhin, quand l'honneur français était en cause.

Se figure-t-on un incident comme celui de Fachoda, du temps de Charlemagne, de saint Louis, de Louis XIV ou de Napoléon ?... Vive Dieu ! Quel orage à leur front... et quel éclair d'acier au pays de France !

Sous Charles X lui-même, prince assez pacifique, pourtant, quinze ans à peine après les désastres sans nom de 1814 et de 1815, la protestation des Anglais ne pesa pas lourd, quand ils voulurent s'opposer à l'expédition d'Alger.

Lisez donc à vos enfants la réponse du baron d'Haussez à l'ambassadeur d'Angleterre !

Mais qu'ils comprennent bien, aussi, que la France, aussitôt qu'elle est infidèle à sa mission, est rudement châtiée par la main divine. Puis, quand l'heure est venue de la tirer de son abaissement, Celui qui, à son gré, perd et ressuscite les nations, la remet debout, la réconforte « et fait marcher de nouveau la terreur devant ses armées. » Et vous leur raconterez la merveilleuse histoire de Jeanne d'Arc.

Montrez-leur aussi Louis XIV, cruellement humilié, dans sa vieillesse, par l'orgueil de ses ennemis, reconnaissant ses fautes et s'accusant devant Dieu.

A cet acte de repentir Dieu répond par la grande victoire de Denain, qui sauve notre patrie arrivée au bord de l'abîme.

Vous entendrez dire, il faut vous y attendre : « Mais tout cela est connu, archi-connu ; on l'a répété cent fois ! Faites-nous grâce de ces vieilles rengaînes ! »

Je réponds : « C'est connu, *pour nous qui avons vécu*. Mais pour les enfants tout cela est nouveau, et c'est en leur apprenant la glorieuse histoire de leurs pères, la vie de la France, intimement unie à celle de l'Eglise de Dieu, que vous en ferez de vrais Français, de vrais chrétiens. »

Méprisez donc ces critiques sans conséquence, et marchez votre chemin.

Rappelez-leur Pie VII, prisonnier de Napoléon, menaçant de la colère du Dieu des armées le tout-puissant empereur parvenu à l'apogée de sa gloire. Citez-leur la réponse orgueilleuse du monarque : « Croit-il donc que les fusils tomberont des mains de mes soldats? »

Quelques mois plus tard le froid leur arrachait leurs armes et couchait la grande armée dans les steppes glacés de la Russie.

Montrez-leur enfin, tout près de nous, l'empire du second Napoléon brisé comme verre, au moment même où le drapeau tricolore cessait de protéger dans Rome le vicaire de Jésus-Christ!

Avec l'amour de l'Eglise et de la France, il faut inspirer à vos enfants une vive horreur pour la conduite des mauvais chrétiens, des mauvais Français, qui trahissent ces deux mères, la France et l'Eglise. Gardons toujours la charité pour les personnes. Ces ennemis de Dieu sont des frères égarés, qui, peut-être, un jour, se repentiront de leurs fautes et loueront Dieu avec nous pendant la bienheureuse éternité. Nous devons l'espérer et le demander à

Dieu qui veut la conversion du pécheur et non point sa perte.

Mais s'il faut garder la charité envers les coupables, il faut aussi détester leurs œuvres perverses.

Dites à vos enfants qu'il y a eu et qu'il y a encore des traîtres qui vendent leur patrie, comme Judas vendit son maître. Il en est qui la trahissent par cupidité, par avarice, par amour de l'or ; d'autres, à cause de la haine qu'ils portent à l'Eglise, dont la France a été si longtemps le plus ferme rempart. Ils aimeraient mieux voir leur patrie dépouillée, foulée aux pieds d'un vainqueur impitoyable, que la voir florissante et glorieuse entre les bras et sur le sein de l'Eglise. Tant la haine de Dieu détruit dans le cœur de l'homme tout sentiment, même purement humain, de justice et d'honneur !

Il faut apprendre à vos élèves ce que c'est que la franc-maçonnerie, afin qu'ils conçoivent une profonde horreur de ses projets sataniques contre le Christ et l'Eglise.

Saviez-vous que Louis XVI fut condamné à mort par les sociétés secrètes, dix ans avant qu'éclatât la révolution, parce que, fut-il déclaré dans ce célèbre convent, *il faut que la*

France chrétienne disparaisse, pour que la ruine de l'Eglise catholique puisse se consommer. Le roi très chrétien était l'obstacle principal qui s'opposait à leurs desseins. Il devait donc être supprimé.

Le régicide du 21 janvier 1793 n'a été que l'exécution de cette sentence.

Ce but que leurs pères ont poursuivi depuis longtemps dans l'ombre, plusieurs des francs-maçons d'aujourd'hui, levant enfin le masque, l'avouent sans détour, et s'en glorifient hautement. Ils somment le gouvernement de la France d'exécuter leurs ordres, et vous savez si celui-ci se montre docile aux injonctions du pouvoir occulte.

Pourquoi donc veulent-ils à tout prix détruire la France, anéantir ses forces militaires, ruiner sa puissance coloniale, lui enlever enfin son patrimoine, quinze fois séculaire, de foi, de vaillance et d'honneur ?

Pourquoi ? C'est que la France a toujours été et est encore aujourd'hui le pays catholique par excellence, le pays où, plus que partout ailleurs, éclosent les œuvres de zèle et germent les idées généreuses, le pays où se recrutent les trois quarts des missionnaires qui vont évangéliser le monde païen, le pays qui, malgré les ruines amoncelées depuis trente ans, trouve, plus que tous les autres, des ressources sans cesse renaissantes pour le denier de saint Pierre et l'œuvre de la propagation de la foi.

Avez-vous remarqué combien tous les papes ont aimé la France, pleuré sur ses revers, applaudi à tous ses triomphes?

Mais aujourd'hui, hélas ! la France dort, et d'un plus profond sommeil qu'aux plus mauvais jours de son histoire. Ses ennemis l'ont traîtreusement enivrée de plaisir, de luxe et de volupté. On dirait qu'elle n'aspire plus qu'aux joies purement matérielles, et qu'elle est devenue absolument insensible au langage de l'honneur, à l'amour de la gloire et à l'appel du drapeau, comme ces compagnons du roi d'Ithaque, que la magicienne Circé avait changés en pourceaux.

Mais elle se réveillera, Frédéric, elle se réveillera ; ou plutôt Dieu lui-même la tirera de ce sommeil de mort, peut-être par des châtiments terribles, mais qui vaudront cent fois mieux, quels qu'ils soient, que cet enlizement dans la boue, où elle s'enfonce, lentement mais sûrement, oublieuse d'elle-même et de sa mission divine. Il la remettra debout, et il écrira encore avec l'épée de la France une page immortelle. J'en ai pour garants Lourdes et Paray-le-Monial, le Sacré-Cœur et l'Immaculée-Conception. A quelle autre nation Dieu a-t-il donné de pareils gages de son amour ?

Mais le relèvement national ne peut se faire qu'à une condition : c'est que notre patrie s'aide elle-même, en repoussant d'un viril effort le breuvage empoisonné qui lui glace le sang dans les veines. Il faut qu'un sursaut généreux l'arrache enfin à cette couche de volupté et de mort, qu'elle reprenne en main le glaive et se prépare au combat.

Et nous, mon cher Frédéric, nous pouvons efficacement aider à cette résurrection de notre pays, en préparant la génération qui grandit, en faisant comprendre à nos enfants pourquoi la France est tombée si bas, en leur faisant comprendre, surtout, qu'ils ont, eux, comme tous les Français, la mission de relever leur patrie et de la remettre en route vers ses glorieuses destinées.

Qu'ils sachent bien qu'ils auront à vivre dans des circonstances difficiles, et dans des temps bien troublés, où il leur faudra combattre, et combattre longtemps peut-être, pour conserver leur foi et défendre leur pays contre ses ennemis du dehors et ceux du dedans.

Ils doivent donc, avec l'aide du bon Dieu, faire provision de courage, d'énergie, d'esprit chrétien, et se préparer, en accomplissant généreusement leurs devoirs d'enfants, à devenir des hommes de cœur et de tête, qui sachent mettre au-dessus de leurs intérêts personnels les intérêts de l'Eglise et du pays.

Gardons-nous d'en faire des sceptiques, des blasés, qui regardent le monde comme une énigme et s'endorment dans une égoïste inaction, ou des jouisseurs repus qui n'estiment la vie que par le plaisir qu'elle peut donner.

Etablissons solidement la foi dans leurs cœurs; faisons-leur pressentir les devoirs qui s'imposeront à eux dans l'avenir; habituons-les à ne pas chercher avant tout le plaisir, comme s'il était le but de la vie, mais toujours et partout l'accomplissement du devoir. Apprenons-leur à fouler aux pieds le respect humain, à se moquer du *qu'en dira-t-on*. Actuellement il ne s'agit pour eux que d'occasions encore bien légères. Mais s'ils se laissent vaincre, par lâcheté, dans de petits combats, ils fuiront aussi, le jour des grandes batailles.

30 décembre 1902. — Tâchons de donner des goûts simples, *très simples* à nos enfants. Ne les habituons pas à estimer, à rechercher les objets de prix. Rappelez-vous que le luxe déprime les âmes, comme il amollit les corps. Donc élevons-les virilement, sans gâterie ni délicatesse, aussi bien pour le vêtement que pour la nourriture et le coucher. Exerçons-les peu à peu à la fatigue; car ils auront besoin d'une santé solide et d'un cœur vaillant.

Ne les laissez point se bourrer de friandises.... Si vous saviez comme la gourmandise invétérée diminue les caractères et énerve les tempéraments! Oh! ce béni chocolat! Que je voudrais le voir proscrit de nos écoles, ou, du moins, réservé pour l'infirmerie!

Ne riez pas : rien n'est petit quand il s'agit de former un homme, et je sais trop bien l'importance de ces détails pour ne pas les prendre au sérieux.

Combien d'enfants deviennent insensibles et durs à l'égard des pauvres, au point de ne plus faire la charité, parce qu'ils n'ont jamais assez d'argent pour satisfaire leur insatiable gourmandise!

Jadis, au bon vieux temps quand un missionnaire nous faisait visite, au collège, qu'il nous parlait des milliers d'âmes qu'il avait à convertir et de la faiblesse de ses ressources, aussitôt nous ouvrions avec empressement nos petites bourses, et presque toujours nous donnions tout sans compter.

Nous n'étions point grondés pour ce manque d'économie. Au contraire, le soir venu, quand nous leur racontions notre journée, nos mères nous serraient dans leurs bras et nous baisaient au front en nous disant : « Mon enfant, tu as bien fait. »

Et l'on nous laissait, plusieurs jours, sans le sou, pour ne pas diminuer notre mérite.

Aujourd'hui vous trouvez très peu d'enfants capables de cette générosité, et ce manque de courage tient surtout, soyez-en sûr, à la mollesse avec laquelle on élève actuellement filles et garçons.

Même remarque pour ce qui concerne la toilette. Ne laissez pas vos écoliers cultiver leur chevelure, faire usage de parfums, disserter sur un col de chemise ou un nœud de cravate, passer des temps infinis à s'habiller. Des garçons... fi donc!

Enfin, mon cher Frédéric, rappelez-vous, par dessus tout, le but auquel nous devons tendre : conduire nos enfants au ciel.

La Maçonnerie veut nous les prendre pour les river à la terre et les conduire à la perdition. Elle a entrepris de les former à son image, et parceque nous combattons de toutes nos forces pour empêcher cet attentat sacrilège, elle s'écrie que nous faisons deux Frances et que nous trahissons la patrie.

On nous accuse de faire de la politique !

Est-ce donc faire de la politique que de faire aimer la France et l'Eglise? Est-ce donc faire de la politique que de dire à nos enfants qu'ils sont en ce monde pour gagner le ciel, qu'il faut accomplir, à tout prix, son devoir, et combattre jusqu'au sang, jusqu'à la mort, pour être fidèle à Dieu?

C'était la devise de nos pères : *Fais ce que dois ; advienne que pourra !*

Sans doute si nous cherchions à faire de nos enfants des royalistes ou des impérialistes, on pourrait dire que nous nous occupons de politique. Chacun de nous, certes, peut avoir ses préférences personnelles ; être, si bon lui semble, royaliste, impérialiste ou républicain. Nul n'a le droit de nous l'interdire. Mais nous serions infidèles à notre mission, si, descendant sur le terrain des compétitions purement humaines, nous nous jetions dans la lutte des partis.

Nous ne le faisons pas, et nos ennemis le savent bien. Cette accusation, sans cesse renouvelée, n'est qu'un prétexte dont ils se servent pour nous empêcher de sauver les âmes. Non, encore un coup, nous ne faisons pas de politique; nous cherchons à mettre nos enfants dans le chemin du devoir, à établir au plus profond de leur âme le culte de l'Eglise et de la patrie, la haine du parjure et de la trahison. Si c'est faire de la politique, voilà trente ans que j'en fais, grâce à Dieu.

Un jour, Jeanne « la bonne Lorraine », au sortir du combat, avait quitté son armure et cherchait dans le sommeil un peu de repos. C'était à Orléans, qu'elle venait de ravitailler en traversant les lignes anglaises avec un convoi de vivres et une armée de secours. Et pendant qu'elle dormait l'ennemi reprit l'offensive, et poussant vivement nos avant-postes, il se préparait à donner l'assaut. Mais déjà le bruit de la bataille a réveillé la Pucelle. En un clin d'œil elle est debout et a revêtu son armure. Puis, se tournant vers le page qui lui amène son cheval de guerre, elle l'apostrophe avec indignation : « Ah! sanglant garçon, s'écrie-t-elle, le sang de France a coulé, et tu ne me réveillais pas! »

Et, sautant à cheval, elle vole aux remparts et repousse l'Anglais.

Ah! mon cher Frédéric, si jamais la crainte des confiscations, des calomnies, de l'exil ou de tout autre genre de persécutions arrêtait sur les lèvres des maîtres chrétiens l'expression de la vérité, que leur qualité même d'éducateurs leur fait un devoir d'apprendre à leurs enfants, si la pusillanimité leur fermait la bouche, ne mériteraient-ils pas de s'entendre adresser par ces enfants, devenus des hommes, le reproche que la Pucelle faisait à son page. « Ah! pourraient-ils dire, trop justement ; ah! maîtres prévaricateurs, l'honneur de la France, son honneur, mille fois plus précieux que son sang, coulait à flots, et vous nous laissiez grandir sans jeter le cri d'alarme, sans nous former à la guerre, sans nous préparer à donner notre sang, à donner notre vie pour l'Eglise et pour la patrie! »

Ce reproche, mon cher fils, nous ne le méritons pas. Sentinelles vigilantes, nous avons poussé le cri de guerre, et voilà le motif pour lequel nous sommes haïs et persécutés. On veut ravir à la France et à Dieu notre chère jeunesse, et pour y parvenir on veut lui ôter la foi, et l'endormir, après, dans la volupté.

Mais nous étions là, et nous avons crié : « Aux armes ! » et voilà pourquoi la bataille est si dure, à l'heure qu'il est. Adieu. — Bonne et sainte année. Votre vieil ami. — X. s/.

Frédéric au Père X.

N. ce 7 janvier 1902.

Mon Révérend et très aimé Père. Selon vos désirs je ne vous ai point écrit pendant mon séjour à Ker-Maria. Mais, si j'ai, sur ce point, observé la consigne, j'avoue, et sans remords, que je n'ai point obéi à votre première recommandation, qui était de ne pas même lire votre lettre avant mon retour ici... Comme s'il m'eût été possible de garder dans ma poche une bonne et longue épître de mon Père très aimé sans la dévorer aussitôt ! Je l'ai lue tout de suite, et je la relirai encore, à tête reposée. Elle m'est arrivée, mardi soir, 31 décembre, sur le coup de huit heures, et j'en ai pris connaissance avant de me couler dans mes toiles.

Je vais, si vous me le permettez, vous donner un petit aperçu de mes trop courtes vacances ; vous verrez que je n'ai pas perdu mon temps.

Mais, d'abord, permettez-moi de vous adresser, bien que très tardivement, mes meilleurs vœux de nouvel an. Oh ! combien je désire que le bon Dieu vous rende à vos œuvres, à vos collèges, surtout ! Je sens si bien ce qui me manque pour tenir, à peu près, votre place, que je suis parfois tenté de découragement et de l'idée de tout planter là. Ce serait bien plus commode, assurément, mais bien lâche aussi. Je resterai donc et tâcherai de faire de mon mieux, dans ma petite sphère, pour maintenir le collège dans la bonne voie jusqu'au jour où vous reviendrez. Puissiez-vous n'avoir pas alors à pleurer sur des ruines irréparables !

Je souhaite aussi, oh ! combien vivement ! que le bon Dieu nous délivre au plus tôt des mauvais Français qui ruinent le pays et nous déshonorent aux yeux de l'étranger !

« La persécution, m'écriviez-vous, l'autre jour, est le beau temps pour les religieux ». Ma foi, je ne suis pas, moi, à votre hauteur, et si quelqu'un de vos persécuteurs me tombait sous la main, je ne le tuerais pas, non : ça n'irait pas jusque-là ; mais je lui frotterais de si près les oreilles qu'il n'aurait plus l'envie, je vous jure, de jouer encore à ce jeu-là.

Donc, à vous, très cher Père, bonne année et prompt retour dans vos maisons, et à notre chère France paix et liberté !

Mais il faut que je vous raconte ce que j'ai fait pendant les congés du nouvel an. J'ai toute ma soirée libre ; car les élèves étant rentrés, hier soir, à neuf heures, je n'ai point encore de copies à corriger.

Dès demain les cours reprendront leur train ; mais je crois que les devoirs de ce soir ne vaudront pas grand'chose. La plupart des enfants dormaient en classe, ce matin. Beaucoup d'entre eux se sont gavés de chocolat et de sucreries pendant qu'ils étaient chez eux, et, sans doute, aussi, pendant une bonne partie du voyage. Toujours est-il qu'ils étaient, au lever, dans un ahurissement complet. J'imagine que l'étude de ce soir sera bien tranquille ; mais le bon abbé qui la dirige aurait tort, je crois, de s'endormir « sur la foi des zéphyrs ». Il n'a rien à craindre pour aujourd'hui ; mais demain... « C'est la grande chose. De quoi demain sera-t-il fait ? »

Sept jours !... Nous avons tout de même eu sept jours ! Ce n'est pas trop mal pour un simple congé du nouvel an. Et dire pourtant que ce temps-là a passé si vite !

Vous aviez bien deviné que je voudrais, à tout prix, embrasser maman, et que la longueur du voyage ne serait pas pour m'effrayer.

Je suis parti, le 30, par le train de midi, vingt-sept. Cette demi-journée ne comptait pas dans les sept jours. Mais la dernière classe avait eu lieu, la veille au soir ; les notes d'examen venaient d'être proclamées, le matin même. Je n'avais donc plus rien à faire à N., et j'étais pressé de dévorer les kilomètres. Il y en a une assez jolie kyrielle d'ici Ker-Maria.

Arrivé à sept heures et demie, le 31, au matin, je trouvai, à la gare, mon grand cuirassier de frère qui m'attendait. Il avait dix jours de permission, le veinard ! et il était déjà depuis vingt-quatre heures à la maison. Nous sautâmes vivement dans la petite voiture qui sert à maman pour aller à la messe, et Biquette, notre vieille jument, qui a encore bon pied bon œil, avala, sans trop se faire prier, les cinq kilomètres qui séparent Ker-Maria de Lesneven. Enfin, sur le coup de huit heures, nous étions rendus, et je tombais dans les bras de maman qui revenait justement du bourg.

Si vous aviez vu comme elle était contente

d'avoir près d'elle ses deux grands garçons ! Et pourtant, malgré la joie si vive qui éclairait son cher visage, je vis une larme rouler dans ses yeux. C'est qu'elle pensait à sa Marguerite. Songez donc : voilà vingt ans qu'elles ne s'étaient pas quittées un seul jour !

Alors, séance tenante, nous avons décidé, tous les trois, que nous irions voir, à Saint-Brieuc, la chère petite sœur, et que nous lui consacrerions le deux et le trois.

Pauvre Guite ! nous avions grande envie, nous aussi, de la revoir ! Nous l'aimions tant, Charles et moi ! C'était à qui la gâterait le plus. Elle est bien plus jeune que nous, et nous la considérions toujours comme une fillette. Aussi quelle désolation, quand nous avons su qu'elle allait partir pour le noviciat. Son départ a été un gros chagrin. Elle était si mignonne, si gentille pour maman, et toujours gaie comme une fauvette. Son petit rire perlé nous mettait tous en belle humeur. C'était la joie de la maison... Et dire qu'elle nous a quittés... quittés pour toujours !

Après un déjeuner formidable, — car j'avais l'estomac dans les talons — j'ai passé avec maman toute la matinée. Elle avait mille questions à me faire : d'abord sur ma santé. J'ai dû dire si je mangeais bien, si je dormais bien, si je n'avais point trop toussé ; si je ne me sentais pas fatigué après mes cours. On a manifesté l'intention d'écrire à la Sœur qui gouverne l'infirmerie pour la prier de m'obliger à prendre quelque chose de chaud après chaque classe. J'ai protesté vivement ; mais j'ai bien vu, depuis, que ma protestation n'avait servi de rien, et que maman avait passé, le jour même, de la menace à l'exécution. En effet, dès ce matin, et ce soir aussi, j'ai trouvé sur ma table, en sortant de classe, un magnifique bol de lait chaud. J'ai interrogé la Sœur infirmière qui a voulu prendre des airs d'ingénue ; mais la mèche était éventée. Après tout, je me suis souvenu que j'aimais beaucoup le lait, et j'ai humé mon bol avec délices.

Mais je reviens à Ker-Maria. Après le chapitre de la santé, maman a passé à d'autres, qui, sans lui tenir tant au cœur, l'intéressent tout de même vivement. Il a fallu lui donner mille détails sur le collège et sur mes moutards qu'elle aime déjà, m'a-t-elle dit, avec une affection de grand'mère. Je crois qu'ils recevront bientôt, sous une forme que l'enfance apprécie toujours, quelques témoignages de l'intérêt qu'elle leur porte. Elle veut posséder la photographie de la classe afin de penser plus souvent devant Dieu aux élèves de son Frédéric.

Et moi j'avais bonne envie de me dégourdir un peu les jambes. Figurez-vous, mon bon Père, qu'il faisait, ce matin-là, un de ces temps de chasse dont on rêve : un joli petit brouillard épandu au front des taillis et sur les guérets en une légère buée violette, que le dernier soleil de l'année perçait peu à peu de ses rayons roses. Un vrai temps à bécasses, voyez-vous : et ma chienne qui les chasse si bien !

Il devait en être tombé beaucoup, cette nuit-là, dans les bois voisins, tout exprès pour me souhaiter la bonne année. N'irais-je donc pas leur dire bonjour ? Mais je n'osais pas quitter maman. J'avais pris la résolution de ne pas lui voler une seule minute du temps que j'avais à passer près d'elle, et je restais là, assis à ses pieds, sur un tabouret, comme au temps où j'étais bébé et que je tenais un écheveau de laine sur mes bras, tandis qu'elle le dévidait.

Elle avait si grand besoin de me voir et de m'embrasser ! Pensez combien le temps a dû lui paraître long, toute seule, à Ker-Maria, depuis le départ de Marguerite.

Aussi, cette chère maman, qui a toujours été si pieuse et si charitable, est, à présent, fourrée jusqu'au cou dans les bonnes œuvres. D'abord elle prie le bon Dieu du matin au soir, ce qui ne l'empêche pas de travailler sans discontinuer. Elle visite, chaque jour, les malades, dont elle fait, bien souvent, le ménage et la cuisine, travaille pour les pauvres, fait le catéchisme aux enfants de l'école laïque, etc., etc.

Ces enfants sont d'une ignorance crasse, et d'une paresse! Il faut avec eux une patience archangélique. C'est bien autre chose encore que les miens.

L'autre jour, un de ces bambins récitait sa leçon. Maman lui avait posé la question du catéchisme : « En quel état furent créés Adam et Ève? — Dans l'état d'innocence, — fallait-il répondre. Mais l'écolier ne trouvait pas. La maîtresse, alors, voulant venir à son aide, « Voyons, rappelle-toi, dit-elle ; et elle lui soufflait le commencement de la phrase, « dans l'état... dans l'état... dans l'état d'i... — *Dans l'état d'ivrogne* » acheva le gamin d'un ton convaincu.

— Pauvre petit! concluait ma mère, il n'est pas bien étonnant qu'il ait fait cette réponse-là. Il voit tant d'ivrognes autour de lui! »

C'est très mal de médire ainsi de ses compatriotes. Si le vicaire de chez nous lisait ma lettre, il serait capable de refuser l'absolution à maman.

Entre temps, nous avions redéjeuné, et je n'avais point parlé de sortir quoique j'en mourusse d'envie. Mais cette bonne mère, qui connaît par cœur son Frédéric, se leva bientôt et sortit en souriant avec malice. Quelques secondes après, elle rentrait au salon, m'amenant Diane, ma bonne chienne, délivrée enfin de sa niche où elle gémissait depuis le matin. Puis, me mettant dans les mains fusil et carnier : « Va donc, grand bébé, dit-elle; je ne veux pas te voir avant la nuit. »

Je ne me le fis pas dire deux fois, et je partis aussitôt avec Charles qui aime bien, lui aussi, la chasse, mais qui, tout de même, n'en est pas si fou que moi. Nous avions encore quatre heures de jour, que nous mîmes bien à profit, puisque nous rapportâmes un lièvre, trois lapins et deux bécasses. Les perdrix partent au diable, à présent; impossible de les tirer.

J'étais ravi, d'autant mieux que Charles n'avait tué, pour sa part, qu'un malheureux lapin, — qu'entre nous j'avais tiré en même temps que lui. — D'ailleurs, je crois qu'il a autre chose en tête, (pas le lapin, mon frère Charles).

J'ai même lieu de penser que maman vous écrira bientôt pour avoir des renseignements ultra-confidentiels sur le compte d'une jeune personne dont vous connaissez la famille.

Moi aussi, on avait voulu me marier ; mais je n'ai pas coupé là-dedans. Je ne suis point décidé encore. Du coup, je n'aurais pu me charger de la troisième dans votre béni collège de N.

Mais abrégeons, car je n'en finirais pas.

Le 1er janvier, visites solennelles faites et reçues dans une tenue grave et digne. Beaucoup de décorum et d'ennui.

Le 2, départ, de grand matin, pour Saint-Brieuc, avec maman et mon frère.

Nous avons été bien heureux de voir Marguerite. Elle se porte très bien. Maman a même constaté avec une grande satisfaction qu'elle avait engraissé depuis qu'elle est là. Elle a l'air radieux. Je crois vraiment qu'elle est bien dans sa vocation. Ses supérieures ont dit qu'elles en sont enchantées et que tout le monde l'aime beaucoup.

Avec ça, pas du tout bégueule ! Elle nous a crânement embrassés sur les deux joues, Charles et moi.

Par exemple, quand nous l'avons quittée,

vendredi soir, elle avait bien quelques larmelettes au coin des yeux. Mais que cette enfant est énergique !

Maman, elle, tenait ferme pour ne pas trop émouvoir Marguerite ; mais quand nous avons été dans le wagon, où nous nous trouvions seuls, tous les trois, son énergie est tombée, et elle a eu une crise de larmes. Aussi j'ai passé là un vilain quart d'heure. Voir pleurer sa mère, c'est affreux ! Et je suis bien sûr qu'au moment où nous la quittons, Charles ou moi, c'est la même chose. Elle se raidit jusqu'au dernier instant pour ne pas nous faire de peine ; mais, quand nous sommes partis, elle tombe à plat, et succombe à son émotion. Quelle sainte !... et quelle belle place elle aura au ciel !

Samedi, j'ai chassé toute la journée, et j'ai fait encore quelques victimes. Charles, qui avait l'air de bâiller aux corneilles, a tiré comme un pied. Décidément il n'y est plus. Aussi je l'ai légèrement blagué deux ou trois fois, ce qui a fini par l'agacer, au point qu'il m'a dit des choses désagréables, que je sais très bien qu'il ne pense pas.

Lui non plus n'évitera pas le piège du mariage. Mais il faut bien vite retirer ce mot ; sans quoi je mériterais la censure infligée par le bon

Pie IX qui refusait, m'a-t-on raconté, d'approuver un livre dont l'auteur avait employé cette expression. « Je ne veux pas, disait le pape en souriant, qu'il soit dit que, sous mon pontificat, on ait pu soutenir qu'il y a dans l'Eglise catholique six sacrements et un piège. »

Samedi soir, je vous ai expédié une bécasse et un lapin tout fraîchement tués. J'espère que ce petit cadeau vous est arrivé en bon état.

A quand la reprise de nos bonnes causeries?

Votre fils en J.-C. — Frédéric.

Le Père X. à Frédéric.

Paris, ce 12 janvier 1902.

Je ne demande pas mieux, mon cher Frédéric, que de reprendre nos causeries. Pour cette fois, pourtant, je ne vous écrirai qu'assez brièvement; car je pars, ce soir, pour un petit ministère de quelques jours. Je ne vous dis pas où je vais, de peur que Madame la Poste ne me dénonce et qu'on ne supprime le traitement du brave curé qui m'appelle chez lui. Voilà pourtant où nous en sommes, en France, par cette aurore de XXe siècle, après tant de révolutions pour conquérir la liberté, dont nous jouissions jadis, il me semble, beaucoup plus qu'à présent.

J'attirerai pourtant, dès aujourd'hui, votre attention sur un sujet grave qui peut, d'ailleurs, s'expliquer en quelques lignes.

Soyez très délicat pour tout ce qui touche à la réputation de vos élèves. Ne parlez des fautes que vous pourrez remarquer (à moins qu'elles ne soient publiques) qu'à ceux qui ont *le droit* de les connaître et qui peuvent remédier au mal : par exemple, aux supérieurs du collège, aux surveillants qui sont chargés de votre division. Encore faut-il que le bien moral de l'enfant ou celui de ses camarades y soit intéressé.

Bien entendu, même en pareil cas, vous ne pourriez vous servir d'une *confidence* que vous aurait faite le coupable.

Je vous engage aussi, pendant que j'y songe, à faire tout votre possible pour seconder l'action du directeur spirituel. Faites comprendre aux enfants que vous estimez la congrégation de la Sainte Vierge, et que vous désirez vivement qu'ils en fassent partie. Tâchez de conserver toujours une entente parfaite avec celui qui en est chargé, pour que vos efforts réunis coopèrent au bien de toute la division. Et s'il survenait entre vous quelque malentendu, de grâce! que les enfants ne s'en doutent jamais!

Il est juste que le directeur de congrégation soutienne, de son côté, professeurs et surveillants.

Il me semble qu'à moins d'une raison tout exceptionnelle, on ne devrait jamais recevoir un enfant comme *approbaniste*, ni lui laisser faire sa consécration, sans l'assentiment de ses maîtres.

Si l'élève désire vraiment être reçu, il fera de sérieux efforts pour satisfaire tous ceux dont il dépend, afin de mériter leurs suffrages. S'il ne se soucie pas d'être congréganiste, il ne se donnera guère de peine, j'en conviens, pour être admis; mais, dans cette hypothèse, ne vaut-il pas bien mieux, pour la congrégation, qu'il n'y entre point?

Si le directeur reçoit des enfants dont les professeurs ou les surveillants ne sont pas sérieusement satisfaits, eu égard, bien entendu, aux difficultés particulières de chacun, la congrégation, dès lors, cesse de se recruter parmi les meilleurs élèves, et elle perd bientôt toute considération, toute autorité dans la division.

Sans doute il pourra se faire que tel ou tel professeur se montre trop exigeant pour celui-ci ou celui-là, et que quelques enfants en pâtissent. C'est regrettable, assurément ; mais cet inconvénient est pourtant beaucoup moindre que celui qui résulte d'admissions faites contre le gré des maîtres. Cette manière d'agir ouvre la porte à toutes sortes de tiraillements, de froissements et de malentendus qui nuisent beaucoup au bien général.

Au revoir, mon cher Frédéric, il faut que je vous quitte ; car il est six heures, et je prends le train, dans une demi-heure, au quai d'Orsay.

Tout vôtre en Notre-Seigneur — X. *sj.*

Paris, 27 janvier 1902.

Je ne vous ai point écrit la semaine dernière, mon cher enfant, parce que j'étais absent de Paris, et fort occupé. J'arrive, ce matin, d'une petite ville du Centre où j'ai prêché une mission de quinze jours. Le résultat a été assez bon, je l'espère, pour la gloire de Dieu et le salut des âmes. Il paraît que le commissaire de police était, au pied de la chaire, à tous mes sermons. S'il ne s'est pas converti, il a dû rudement s'ennuyer!

Enfin le diable travaille quelquefois contre lui-même, sans le savoir. Peut-être quelque bonne pensée sera-t-elle venue à ce pauvre homme, pendant qu'il assistait, *par ordre*, aux exercices de la mission.

Et qui sait si sa conversion, à la dernière heure, n'en sera pas le fruit? Dieu est si bon!

Toujours est-il que je n'ai été ni arrêté, ni inquiété d'aucune manière. On me dit, de divers côtés, que ce n'est que partie remise, que la foudre est prête à partir, et qu'un de ces beaux matins commissaires et agents envahiront mon domicile. Nous verrons bien!

Je réponds maintenant à votre dernière lettre.

Il est clair qu'en matière d'éducation, comme en toute autre, tous les conseils du monde ne vaudront jamais l'expérience personnelle. Vous apprendrez plus par vous-même, dans vos rapports avec les enfants, qu'en lisant n'importe quel traité de pédagogie.

Il y a deux excès contraires qu'il faut tâcher d'éviter.

Il est très utile à un jeune maître, pour se

former, d'écouter les conseils de ceux qui ont plus d'expérience que lui. Se fier uniquement à ses propres forces et négliger, surtout au début de la carrière, les avis des sages, est la marque d'un esprit plus ou moins infatué de soi-même. C'est la preuve aussi qu'on ne se rend pas suffisamment compte des difficultés si sérieuses de la tâche.

Le temps se charge, d'ordinaire, de modérer cette outrecuidance, mais au prix de bien des *écoles* dont pâtiront à la fois maître et élèves.

Ne méprisez donc point les conseils de vos aînés. Mais n'en tenez compte, pourtant, que dans une *certaine mesure* — pour employer une expression coutumière aux gens du barreau — et n'allez pas vous en faire esclave au point de perdre toute spontanéité, toute initiative...

Il faut savoir appliquer les principes aux circonstances, qui varient, à l'infini, avec les caractères, les humeurs et les tempéraments si divers des écoliers. Vous rencontrerez des cas absolument imprévus, des natures d'enfants tellement singulières, que ni livre ni conseil ne vous auront jamais indiqué la marche à suivre.

Il faut alors prier, réfléchir, et... faire comme on peut.

Ne vous imaginez pas que tous les enfants ont été coulés dans le même moule et que les mêmes industries réussiront dans tous les cas.

Saint Ignace, mon Père, qui était un grand éducateur et qui se connaissait en hommes, dit qu'il est très dangereux de vouloir conduire tout le monde à la perfection par le même chemin. Celui qui dirige ainsi les âmes, ajoute-t-il, ignore absolument combien sont multiples et variés les dons du Saint-Esprit. Voici le texte exact : *Res plena periculi est uno omnes calle cogere velle ad perfectionem. Quam varia quamque multiplicia sint Spiritus Sancti dona, talis non intelligit.*

Bien que cette maxime ait trait directement à la conduite spirituelle des âmes, elle trouve aussi son application — l'expérience vous en convaincra — dans le domaine des choses naturelles.

Les caractères des enfants offrent autant de variétés que ceux des hommes faits, et la formation qu'ils reçoivent, dès l'âge le plus tendre, joue un rôle bien important dans l'affaire de leur salut.

Etudiez donc avec grand soin les dispositions physiques et morales de chacun de vos élèves, et vous comprendrez bien mieux comment il faut les conduire. Un bon éducateur doit arriver à se rendre compte de l'effet qu'un conseil, une conversation, un simple mot dit en passant, une mesure quelconque prise à l'égard d'un enfant, récompense ou punition, louange ou blâme, produira *naturellement* sur lui. Comme on marche alors bien plus sûrement !

Mais, remarquez-le bien, je dis l'effet que produira *naturellement* tel mot, telle mesure. C'est qu'il faut tenir grand compte aussi des influences *surnaturelles* bonnes ou mauvaises que l'enfant peut éprouver. C'est un facteur important dans la question. Aussi, comme ces influences échappent le plus souvent à notre observation, faut-il prier, sans cesse, l'Esprit-Saint de nous inspirer la marche à suivre.

Un Père, que j'ai bien connu, disait qu'il n'abordait jamais un de ses élèves sans avoir prié les bons anges d'agir efficacement sur l'esprit de cet enfant. C'est un excellent moyen dont j'ai usé souvent moi-même, et que je ne saurais trop vous recommander.

La tâche de l'éducateur chrétien est si difficile !

Ecoutez saint Jean Chrysostome. Je n'ai sous les yeux que la traduction latine :

Quid majus quam animis moderari; quam adolescentulorum fingere mores? omni certe pictore, omni certe statuario, ceterisque hujusmodi omnibus excellentiorem hunc duco, qui juvenum animos fingere non ignoret[1]. « Quoi de plus grand que de gouverner les âmes et de former les mœurs des adolescents? Aucun peintre, aucun sculpteur, aucun artiste du monde ne saurait, à mon sens, égaler celui qui possède le talent de former la jeunesse. »

Si vous avez observé, si peu que ce soit, la diversité des caractères, vous comprendrez qu'il serait absurde, *sous prétexte d'égalité*, d'agir uniformément à l'égard de vos élèves. Ce malheureux mot d'*égalité*, prodigué, de nos jours, à tout propos, particulièrement sur les murs, a fini par brouiller toute idée de justice dans l'esprit des enfants et même de beaucoup de grandes personnes. Il semble que *justice* et *égalité* soient des termes absolument synonymes.

Il est pourtant très vrai qu'il y aurait parfois une *souveraine injustice* à traiter tout le monde avec égalité. Il faut le faire comprendre aux enfants; car ils sont portés à crier à l'arbitraire,

1. In Cap. 18. Matth. Hom. 60.

s'ils voient qu'on en use différemment avec celui-ci ou celui-là.

Si la santé délicate d'un de vos élèves, ou toute autre cause raisonnable oblige à le ménager, le professeur sera-t-il injuste pour ne pas exiger de lui un devoir aussi long que celui qui est imposé à ses camarades?

Si tel ou tel garçon, excellent d'ailleurs et plein de bonne volonté, a un tempérament tellement vif et impétueux qu'il lui échappe parfois, sans réflexion, quelque brusquerie de parole ou d'allure, n'a-t-il pas droit, en toute justice, à certains ménagements qu'on ne doit point garder vis-à-vis d'un enfant calme et froid, parfaitement maître de lui-même?

Quand un écolier très laborieux, et qui remplit tous ses devoirs avec une régularité parfaite, commet, par exception, quelque négligence, ses antécédents ne lui méritent-ils pas l'indulgence de son professeur, et n'y aurait-il pas une sorte d'injustice à le traiter, dans cette occasion, comme le paresseux de race qui est en faute du matin au soir?

Encore un coup, ces deux mots, *égalité* et *justice*, ne sont point du tout nécessairement synonymes, et il y a une foule de circonstances où il serait absurde de les confondre[1].

Ce 28 janvier, — Nous parlions, ces temps derniers, des punitions. Franchement, mon cher ami, si j'en juge par ce que vous me dites, vous-même, je trouve que vous avez infligé, l'autre jour, à l'un de vos élèves, un châtiment trop rigoureux. Il vous avait loyalement et spontanément avoué sa faute — assez sérieuse, il est vrai — mais enfin, à peine vous êtes-vous montré plus sévère à l'égard de cet autre écolier, qui, coupable lui aussi, et plus encore, je trouve, que son camarade, avait nié obstinément jusqu'à la fin. Est-ce bien politique, et, surtout, est-ce bien juste ?

Montrez-vous impitoyable pour le mensonge ; car cette faute, bien que vénielle de sa nature, peut exposer l'enfant qui en prend l'habitude à de graves périls. Quand le coupable, au contraire, avoue sincèrement ses torts, comme c'était justement le cas, dans l'affaire dont vous m'avez parlé, il vaut mieux ne point le punir du tout, ou, du moins, ne lui infliger qu'un châtiment très léger.

1. Dans certains cas, au contraire, il est évident que l'égalité s'impose. Par exemple, le professeur qui corrige une composition doit appliquer le même tarif à tous les élèves, parce que tous ont les mêmes droits.

Il faut tenir compte de la faiblesse humaine et surtout de la faiblesse de l'enfance. Vos élèves ne sont ni des héros ni des saints. Si leur franchise leur attire de si fortes punitions, il est à craindre que, dans une occasion semblable, ils ne trouvent beaucoup plus avantageux de se tirer d'affaire par un mensonge.

Nous avons déjà parlé suffisamment des paresseux; je passe maintenant à un autre chapitre.

Vous avez raison de vous tenir en garde vis-à-vis de ces écoliers *modèles*, dont l'extérieur est toujours parfaitement réglé et qu'on ne prend jamais en faute, mais qui restent toujours impénétrables, et que vous ne connaissez pas plus, au bout de l'année, que le premier jour. Défiez-vous d'eux! surtout s'ils cherchent à vous flatter et vous témoignent un respect obséquieux. Il ne faut pas les juger sur cette apparence; vous n'en avez pas le droit. Mais restez sur vos gardes; car il peut se faire que sous ces dehors de sagesse et de régularité se cache un cœur corrompu.

L'eau qui court et qui chante m'effraie bien moins que l'eau qui dort. La comparaison, pour être banale, n'en est pas moins juste.

Certains professeurs, impressionnables et

nerveux, ont grand'peine à tolérer la présence d'enfants bruyants et tapageurs, que leur vivacité naturelle tient dans un état de perpétuelle agitation.

On les trouve en faute, à chaque instant, matériellement du moins, et j'avoue qu'il faut une patience héroïque pour les supporter. Mais sachez bien que ces enfants peuvent être excellents, et qu'il y a, d'ordinaire, beaucoup plus à espérer d'eux que des natures apathiques qui ne fatiguent point vos nerfs. Cette activité sans trêve, cette vivacité de corps et d'esprit, qui les rend parfois si gênants, n'est très souvent que l'indice d'une nature ardente et riche, d'un jeune sang qui bouillonne, d'un tempérament vigoureux et débordant de sève, en qui tout est encore excessif et mal réglé.

C'est, pour employer le mot de Châteaubriand, « l'écume au mors du jeune coursier. »

Retranchez peu à peu ce qu'il y a d'outré, d'exagéré chez ces enfants ; mais gardez-vous bien de les éteindre. Leur activité a besoin d'aliments ; ingéniez-vous à lui en procurer. Tâchez de l'endiguer, de la diriger; mais, de grâce, ne la tuez pas. Combien d'enfants, de jeunes gens, ont été étouffés en pleine sève, par les éteignoirs dont on les a couverts, sous prétexte de les former ! Ce sont pourtant ceux-là qu'il faut soigner avec plus de zèle. Un seul d'entre eux, conquis et bien orienté, vaudra mieux, souvent, que cent autres qui ne vous ont point donné de fil à retordre, mais qui resteront médiocres toujours.

Si vous rencontrez des enfants vraiment vicieux, avertissez-les très sévèrement, et, s'ils ne tiennent pas compte de vos admonestations, infligez-leur un châtiment sévère dont ils gardent le souvenir. Si leur présence au collège pouvait devenir pour leurs camarades une occasion grave de péché, n'hésitez pas à avertir qui de droit. Les supérieurs ont le devoir de prendre sérieusement l'affaire en mains, et d'aller, s'il le faut, jusqu'au renvoi. C'est dur, je le sais ; mais quand un organe gangrené menace la vie ou la santé de tout le corps, il n'y a qu'un remède : l'amputation du membre pourri. Et il faut alors agir résolument et promptement, sans attendre que la contagion se soit étendue.

« Mais, entendrez-vous dire, si l'on fait partir cet enfant, il fera le mal ailleurs aussi bien qu'ici. A quoi bon, dès lors, le renvoyer ? Cette mesure, toujours pénible à prendre, ne servirait ni à la gloire de Dieu, ni au salut des âmes.

Ne vaut-il pas mieux garder la brebis malade et s'efforcer de la guérir? »

Ce raisonnement, permettez-moi de vous le dire, ne tient pas debout.

Vous n'avez point la charge des âmes auxquelles cet enfant pourra nuire ailleurs; mais vous avez la responsabilité de celles qui vous ont été confiées à vous-même. Vous en devez compte à leurs parents et à Dieu. Par conséquent un supérieur manque certainement à ses obligations envers ses élèves et envers leurs parents, s'il néglige sciemment de renvoyer un enfant qu'il sait être dangereux pour la moralité de ses camarades.

Un dernier mot, à propos des orgueilleux. Je vous en ai déjà parlé; mais j'ai encore quelques remarques importantes à vous faire à leur sujet.

Ces âmes-là sont très difficiles à conquérir, parce que ce vice est l'ennemi capital de notre nature. Je parle, remarquez-le bien, de l'orgueil proprement dit, et non de la vanité sous ses formes multiples.

Commencez par traiter ces enfants avec une grande douceur et employez avec eux le langage de la raison. Faites-les remonter à la source de tout orgueil humain, à la chute de l'ange et à celle de nos premiers parents. Mettez bien en lumière la folie de la créature, un pur néant, qui en arrive à se préférer à Dieu, la perfection infinie. Faites-leur prévoir dans quel péril pour leur salut ce vice peut les entraîner, s'ils ne le combattent avec énergie. Rappelez-leur l'histoire de ces âmes superbes, qui, avec des vertus, héroïques peut-être, sont tombées, *malgré ces vertus,* dans l'abîme que l'orgueil creusait sous leurs pas. Dites-leur enfin que beaucoup de grands saints ont commencé par être des orgueilleux, et que c'est en domptant cette passion qu'ils sont arrivés à la sainteté et à la gloire.

Ces enfants vous comprendront; car, d'ordinaire, les orgueilleux sont intelligents, si toutefois ils n'ont pas trop longtemps abusé de la grâce; car souvent, par un juste châtiment de Dieu, cette passion dégrade et abrutit l'intelligence.

Si l'enfant résiste à vos remontrances, et si vous voyez que son orgueil ne fait que croître et s'épanouir, n'hésitez pas à l'humilier vigoureusement. C'est le meilleur service que vous puissiez rendre à cette pauvre âme en si grand danger de périr. Mais, pour que la correction soit utile, choisissez le moment opportun; profitez, par exemple, d'une circonstance où l'enfant s'est mis positivement dans son tort en commettant une faute, ou mieux encore une maladresse, une bévue, qui, soulignée à propos, jettera sur son auteur un certain ridicule. L'humiliation d'une réprimande publique est très cuisante, alors.

Si, au contraire, vous lui infligez un blâme sans aucun motif apparent, il se dira peut-être, dans un sentiment intime de vanité satisfaite, qu'il doit être bien parfait puisqu'on ne trouve pas l'occasion de le réprimander justement. Qui sait s'il ne prendra pas plaisir à penser qu'il est du nombre de ces grandes âmes qu'il faut traiter autrement que le vulgaire?

En tout cas, pour que le remède indiqué soit efficace, il est important de convaincre tout d'abord l'enfant que vous l'aimez beaucoup et que vous lui portez un très réel intérêt. Il pourra comprendre alors combien l'humiliation lui est nécessaire, puisqu'elle lui vient de quelqu'un dont il connaît l'affection et le dévouement.

Il y a des enfants orgueilleux, et pourtant très généreux, qui sentent si bien le besoin qu'ils ont d'être ainsi traités, qu'après avoir reçu une humiliation, ils vont prier leur maître de ne pas les épargner, à l'occasion, et, au besoin, de doubler la dose. Ces âmes-là sont de bonne trempe, et le temps qu'on passe à s'occuper d'elles n'est point perdu.

Mais rien de plus difficile à corriger qu'un écolier tout ensemble bête et orgueilleux. On ne sait, passez-moi l'expression, par quel bout le prendre, parce qu'il n'est pas assez intelligent pour comprendre que l'orgueil est une immense sottise. Il faut une grâce extraordinaire pour le toucher.

A dimanche, mon cher Frédéric. *Tuus in X°*. — X. *sj*.

20 janvier. — Je vous parlais, hier, de la nécessité d'humilier les orgueilleux... Cette pensée m'a remis en mémoire, par un rappel d'idées assez éloignées pourtant, une question que vous me posiez, il y a quelques semaines. Je vous avais promis d'y répondre; et puis la chose s'était effacée de mon esprit. Puisque j'y songe à présent, je rouvre ma lettre de peur d'oublier encore ma promesse.

Vous aviez lu, je ne sais plus où, qu'un jeune professeur — dans un de nos collèges — s'apercevant qu'il avait froissé vivement un enfant par une parole dont il n'avait pas prévu la portée, se mit aussitôt à genoux devant lui — ils étaient seuls, alors — et lui baisa les pieds en lui demandant pardon.

Le fait vous a paru bien extraordinaire, et votre étonnement se conçoit sans peine.

Je connais très bien l'histoire dont vous me parlez. Elle m'a été racontée par l'un des acteurs de cette petite scène, jadis élève de philosophie, au collège de Saint-Acheul, et qui devint plus tard le R. P. Pillon. Il était recteur du collège de Vannes à l'époque où votre excellent père y faisait ses études.

« Un jour, me dit-il, le bon Père Labonde, qui était mon directeur de congrégation, m'avait fait un reproche un peu blessant. Mon émotion parut-elle sur mon visage? Je ne sais trop. Toujours est-il que le pauvre Père se mit à genoux, incontinent, et me dit d'un ton pénétré : « Je vous ai fait de la peine, mon enfant... pardon, pardon ! » Et tandis que je restais immobile, muet de surprise et comme abasourdi, il me baisait les pieds en témoignage de son repentir. Jugez de l'embarras et de la confusion du pauvre philosophe ! »

C'est le même Père Labonde qui fut le héros de la fameuse *histoire du torchon*. Le fait eut lieu au collège de Saint-Acheul, près Amiens, vers 1827. Le bon Père était, un brin, original. A quoi bon le nier? Mais c'était aussi un religieux d'une vertu tout exceptionnelle. Voici, en deux mots, l'*histoire du torchon.*

On avait confié au Père Labonde une bande de garçons paresseux, tapageurs et indisciplinés, recrutés dans la queue de deux ou trois classes (quatrième et cinquième, je crois. Peut-être leur avait-on adjoint quelques élèves de sixième plus âgés que leurs camarades). L'ensemble constituait une classe indéterminée... qui n'avait de nom dans aucune langue.

Il fallait tâcher de remettre à flot ces pauvres enfants dont on serait forcé de renvoyer un bon nombre, si cette dernière expérience échouait.

Le Père Labonde accepta de grand cœur la tâche qu'on lui confiait, tout aride et désespérée qu'elle parût. Il comptait sur le secours du bon Dieu.

L'affaire n'alla pas toute seule... Les malheureux gamins s'étaient monté la tête et avaient juré de ne point obéir à leur nouveau professeur.

Au début de la première classe, le Père commence la prière d'usage : *Veni sancte Spiritus...* personne ne répond !

Sans paraître déconcerté, le professeur achève l'oraison; puis il s'assied, et désignant un élève, « Un tel, dit-il, allez au tableau... écrivez... — Non, répond tranquillement l'enfant, je n'écrirai pas. » — Sans insister, le Père appelle un second élève... puis un troisième... Même jeu que précédemment. Refus d'obéissance sur toute la ligne.

Sans s'émouvoir, le Père écrit lui-même sur le tableau un petit problème d'arithmétique et l'explique aux enfants au milieu du bruit d'une conversation générale.

Après la démonstration, « Prenez le torchon et effacez ce qui est écrit, dit-il à l'élève le plus rapproché de lui. — Non, mon Révérend Père! — Alors, mon enfant, continue tranquillement le Père Labonde, puisque vous ne voulez ni travailler, ni obéir, il est juste que vous portiez une décoration qui soit l'emblème de votre mérite. Attachez donc ce torchon à la boutonnière de votre habit. »

L'écolier, comme de juste, se récrie, et tous ses camarades de rire aux éclats.

« Il faut pourtant, mes enfants, reprend le Père, qu'une classe aussi indisciplinée que la vôtre reçoive un châtiment et soit humiliée comme elle le mérite. C'est donc moi, le professeur, qui porterai la décoration ! » Et il attachait le torchon à la boutonnière de sa soutane.

Aussitôt, comme par enchantement, nos écoliers cessent de rire, et un profond silence s'établit sur tous les bancs. La classe se passa tout entière dans un calme parfait.

En sortant, les enfants, tout pénétrés d'admiration, se disaient entre eux : « Mais notre professeur est un saint ! Eh bien ! il faut, pour lui faire plaisir, avoir désormais de très bonnes notes, et que notre classe soit la meilleure du collège. »

On dit qu'ils tinrent parole et qu'ils devinrent la gloire du Père Labonde.

Il est clair, mon cher Frédéric, que cette histoire est, comme on dit, plus admirable qu'imitable. Naturellement parlant, l'insuccès le plus piteux devait suivre l'emploi d'une méthode aussi singulière, je dirai même, aussi imprudente, et tout autre que le Père Labonde eût échoué misérablement. Mais le bon Dieu envoie quelquefois aux âmes vraiment humbles des inspirations particulières et des secours spéciaux, grâce auxquels elles obtiennent des succès tout à fait inattendus.

En thèse générale, gardons-nous de recourir

aux moyens par trop singuliers, qui, d'ordinaire, ne réussissent pas. A bientôt, mon cher enfant. Votre vieil ami... X. *s j.*

Paris, ce 3 février 1902.

Fête de la Purification, renvoyée d'hier à cause du dimanche.

Cette fête est pour moi, mon cher Frédéric, un anniversaire bien grave et bien doux, tout ensemble. Voici aujourd'hui vingt-neuf ans que je suis entré dans la Compagnie de Jésus, et onze ans que j'ai fait mes derniers vœux. Comme le temps passe... et que j'en ai peu profité !

J'ai renouvelé ces vœux, ce matin, pendant que je tenais entre mes doigts le corps et le sang de Jésus-Christ. Je l'ai remercié de m'avoir gardé à Lui, décidé, comme au jour de mon entrée dans la vie religieuse, à le suivre jusqu'au bout, en dépit des procès, des confiscations, de l'exil, peut-être de la prison et de la mort. Il faut s'attendre aux pires tribulations ; car ce qu'on hait en nous, c'est, avant tout, le nom de Jésus, qui a toujours été et sera toujours un signe de contradiction : *Signum cui contradicetur*.

Ah ! qu'il fait bon, dans ces temps de trouble et de confusion universelle, où les méchants lèvent la tête, où les bons sont bafoués et tournés en dérision, en ces temps de défaillance presque générale, où le grand nombre sent tomber son courage et défaillir sa foi, qu'il fait bon entendre Jésus vous dire, comme aux apôtres après la promesse de l'Eucharistie : « Et toi, veux-tu donc aussi me quitter ? » Et comme on est heureux de lui répondre, oh ! très humblement, dans la conscience de sa misère, mais aussi avec une entière confiance : « A qui donc irais-je, ô Seigneur ? vous avez les paroles de la vie éternelle. Mais pourtant, mon Dieu, c'est bien dur, ce qui nous arrive ; bien dur d'être chassé, calomnié, bafoué ; bien dur surtout de céder toujours, de reculer toujours, l'arme sur l'épaule, quand le sang bouillonne et que le cœur bat la charge.

« N'êtes-vous pas tout-puissant, Seigneur Jésus ? Ah ! si vous vouliez ! »

Et le Maître nous répond comme il répondit

à saint Pierre, qui refusait de se laisser laver les pieds par lui, avant la Cène : *Quod ego facio, tu nescis modo; scies autem postea.* « Ce que je fais, tu ne le comprends pas maintenant; mais tu le comprendras un jour. » Et alors, avec une pleine confiance, on crie à Jésus : « Me voici, Seigneur; faites en moi ce pour quoi vous y venez. Je ne vous demande qu'une chose : c'est de ne pas permettre que je sois jamais séparé de vous. »

Je vous dis cela, Frédéric, parce que je sais que vous entendrez ce langage, et que vous m'avez mis au courant de vos projets d'avenir. Jésus vous a donc parlé, à vous aussi, au plus intime de l'âme, et vous vous êtes senti pressé de marcher après Lui dans le chemin qui mène au Calvaire ?

Elle est noble, elle est généreuse, cette envie, que le goût naturel, sans doute, n'inspire point. C'est l'attrait étrange et puissant qu'éprouvent les grandes âmes pour les causes vaincues... Pourtant, ne vous pressez point. Priez et réfléchissez. Ce que vous sentez peut n'être que l'élan d'une ferveur passagère. Il faut que le temps et la réflexion vous fassent reconnaître si c'est bien l'Esprit de Dieu qui a parlé. Je vais prier beaucoup pour vous.

Neuf heures du soir! — Eh bien! mon cher Frédéric, le bon Dieu a jugé à propos de m'envoyer, pour l'anniversaire de mes vœux, une charmante visite, annoncée depuis bien longtemps, mais sur laquelle je ne comptais plus!

J'ai eu le plaisir d'avoir chez moi, cet après-midi, le commissaire de police de mon quartier et quatre de ses agents. Ces messieurs ont, d'ailleurs, été polis, et ils semblaient avoir quelque honte de la besogne qu'on leur faisait faire.

Je vous avoue que je bouillais d'impatience, en songeant que moi, citoyen français, j'étais traité dans mon propre pays comme on n'aurait pas l'audace d'y traiter un étranger.

Ah! si l'on eût ainsi envahi le domicile d'un Allemand ou d'un Anglais, voire d'un Portugais ou d'un Belge, vous auriez vu les belles excuses que notre ministre des affaires étrangères eût présentées aux ambassadeurs de ces pays-là!

Et si l'on eût violé la demeure d'un socialiste, c'eût été, alors, un beau tapage! Entendez-vous d'ici les cris de l'*Aurore* et de la *Petite République?* Voyez-vous le gouvernement rentrant les cornes et marquant le pas, au commandement de Jaurès ou de Gérault-Richard?

Mais je suis Français et religieux. On peut y aller bravement ; il n'y a pas de danger !

J'ai épanché près de vous ma colère de *vieux Vendéen*. A présent, c'est fini, et c'est le religieux qui dit, bien calme et en paix : *Mon Dieu, pardonnez-leur ; car ils ne savent point ce qu'ils font*. — X. *s j*.

Paris, ce 9 février 1902.

Mon cher Frédéric. — Toutes nos causeries, jusqu'à ce jour, avaient plutôt trait à l'éducation qu'à l'enseignement proprement dit, qui ne tend *directement* qu'à la communication de la science, à l'enrichissement de l'esprit. Tant s'en faut, pourtant, que le rôle du professeur se réduise à cette fonction. Il concourt avec le surveillant à l'œuvre éducatrice, c'est-à-dire à la formation de l'intelligence et du cœur, œuvre immense qui ne s'exerce pas seulement à des heures et à des jours déterminés, mais qui embrasse chaque jour, chaque heure et, pour ainsi dire, chaque instant. Voilà pourquoi, bien que vous soyez, avant tout, professeur, et que vous ne remplissiez pas, d'une façon très régulière, l'office de surveillant, j'ai tenu à vous parler, tout d'abord, de certaines questions relatives à l'éducation.

Je ne prétends point, et pour cause, avoir épuisé la matière et fait un traité complet. L'entreprise eût été fort au-dessus de mes moyens. Aussi bien la question a-t-elle été approfondie par de grands maîtres, sur les pas desquels je me suis contenté de glaner quelques épis.

Et puis, je dirais volontiers avec le critique latin : *Quidquid præcipies, esto brevis.* Point de longs préceptes.

Je me suis décidé, sur votre instante prière, à vous présenter, au fur et à mesure qu'elles me venaient à l'esprit, quelques idées sur l'éducation. Elles sont le fruit d'une expérience assez longue déjà; mais je n'avais point du tout la pensée de les proposer comme une méthode à suivre. Mon ambition est plus modeste. Si j'ai pu faciliter tant soit peu vos débuts, je me tiendrai pour bien récompensé de mon travail.

Puisque vous le voulez, nous allons reprendre notre correspondance hebdomadaire. Elle aura, cette fois, pour sujet ordinaire, l'enseignement proprement dit, *la classe*, qui est maintenant votre labeur quotidien. Et, sans plus ample préambule, dès aujourd'hui je commence.

L'enseignement le plus important de tous est celui de la religion, vous en êtes aussi persuadé que moi. C'est donc cette classe-là qu'il faut préparer avec plus de soin que les autres, d'autant mieux que vous êtes moins prêt, je pense, à faire le catéchisme qu'à enseigner le grec, le latin ou le français.

Sans doute il serait à désirer que le cours d'instruction religieuse fût toujours confié à un prêtre; mais, dans votre collège où les laïques sont bien plus nombreux que les ecclésiastiques, ce vœu serait peut-être bien difficile à réaliser. Faites donc vous-même le catéchisme, puisque la chose a été ainsi réglée par le directeur, et tâchez de le préparer de votre mieux. Procurez-vous un livre que vous puissiez suivre en toute sûreté. Il y a de très bons ouvrages sur la matière : l'abbé Guillois, le P. Schouppe, le P. Vilmers et bien d'autres; mais il y en a un plus grand nombre encore qui ne sont ni bien exacts ni bien ordonnés. Le P. Vilmers sera très bon *pour vous*, pour vous documenter; mais il est trop concis et trop difficile, à mon sons, pour être mis entre les mains de vos enfants.

Je ne puis vous dire, mon cher Frédéric, combien je suis heureux que vous vous soyez chargé aussi de faire le catéchisme aux domestiques du collège. C'est une œuvre très agréable à Dieu et qui sera fort utile à ces braves gens. C'est bien, de commencer par cet humble office l'apostolat auquel vous vous préparez.

Il arrive parfois, malheureusement, que dans certains établissements chrétiens le personnel se laisse tellement absorber par les exigences du professorat et de la surveillance, ou par les œuvres au dehors, qu'on oublie complètement les serviteurs de la maison, qui restent parfois des années entières sans recevoir aucun enseignement religieux.

N'est-ce pas bien triste? Voici de pauvres garçons que la Providence a fait entrer dans un établissement chrétien, et ils n'en retireraient aucun avantage pour leurs âmes... Personne ne s'en occuperait!

Il n'y a, c'est clair, dans l'omission de ce devoir... — Le mot vous choque-t-il? Lisez donc ce que dit saint Paul, dans sa première épître à Timothée, chap. V. v. 8. « *Si quis autem suorum et maxime domesticorum curam non habet, fidem negavit, et est infideli deterior.* Si quelqu'un n'a pas soin des siens et surtout de ceux de sa maison, il a renoncé à la foi et est pire qu'un infidèle. » Vous voyez, je pense, que le mot devoir ne semble pas excessif.

Il n'y a, direz-vous, dans cette omission, ni mépris, ni indifférence ; c'est un pur oubli. — D'accord, mon enfant ; mais que cet oubli est regrettable !

Le supérieur de la maison ne ferait-il pas une œuvre excellente, bien utile à lui-même et d'un très bon exemple pour ses subordonnés, s'il se chargeait de la tâche ? Et comme l'enseignement de la religion en serait relevé, aux yeux des serviteurs ! Pensez donc ! Le supérieur, — c'est toujours, à leurs yeux, un grand personnage, — le supérieur, qui vient, lui-même, leur faire le catéchisme ! Ces pauvres gens ne comprendraient-ils pas mieux, alors, le prix de leurs âmes, et quelle estime ils en doivent faire ? Et qu'il serait facile, grâce à cet acte d'intelligente charité, de leur faire sentir la bonté de Dieu, qui s'est fait l'ami et le serviteur des plus petits d'entre nous !

Oui, mon cher enfant, vous avez fait une œuvre très agréable au divin Cœur de Jésus en vous chargeant de ces humbles fonctions, et le bon Dieu vous le revaudra, bien certainement. L'avez-vous dit à votre chère maman? Ce n'est pas elle, à coup sûr, qui blâmera son Frédéric.

Pour en revenir à vos enfants, tâchez de bien *former la foi* dans leurs esprits ; je veux dire : expliquez-leur *pourquoi* nous devons croire à la religion, et sur quels fondements repose la créance catholique. La plupart d'entre eux ne se rendent pas bien compte, d'ordinaire, de la souveraine importance de l'enseignement religieux, parce qu'ils n'ont point été encore effleurés par le doute, et que la foi leur semble toute facile et simple.

J'entends encore l'exclamation naïve d'un excellent enfant appartenant à une famille très chrétienne, où il n'avait jamais eu sous les yeux que des exemples de la foi la plus vive et de la plus sincère piété. Son professeur de philosophie venait d'expliquer la possibilité du miracle et avait ensuite démontré la résurrection de Notre-Seigneur Jésus-Christ. « A quoi ça sert, tout ça, mon Père? lui disait en riant Joseph de X, au sortir de la classe. Mais nous croyons tout ça ! Nous savons bien que le bon Dieu et la Sainte Vierge peuvent faire des miracles, et nous sommes bien sûrs, aussi, que Notre-Seigneur Jésus-Christ est ressuscité. Tenez : vous devriez plutôt nous dire quels sont les oiseaux qu'on peut manger, les jours maigres. C'est ça qui est pratique! On ne sait jamais; et alors on ne peut pas les manger. Ainsi je tue quelquefois des moretons, des penrus, des sarcelles, des canards sauvages. Maman ne veut pas qu'on les mange, le vendredi, parce qu'elle dit que ça doit être gras. Dictez-nous donc une liste des oiseaux maigres; vous verrez comme tout le monde écoutera! »

Le bébé d'alors a compris ou comprendra plus tard l'utilité des leçons qu'on lui faisait; mais, au temps où il parlait ainsi, la foi de son baptême n'avait pas encore subi d'assaut...

Ce 10 février 1902. — Je vous conseille d'insister sur la preuve tirée de *l'établissement de la religion chrétienne*. Elle est facile à comprendre et très saisissante aussi. L'argument est magnifiquement développé par Mgr Frayssinous, dans une de ses conférences. Comme je ne sais si vous avez le texte sous les yeux, je vous le copie de ma blanche main.

Voici le passage :

« Me transportant par la pensée aux temps anciens, où toutes les nations étaient idolâtres, je suppose qu'au moment où Jésus commence à parcourir la Judée pour y annoncer sa religion, il est rencontré par un philosophe très versé dans toutes ces connaissances que le monde estime; je suppose que Jésus ait avec ce philosophe la conversation suivante : « Quel est, demande le philosophe à Jésus, quel est votre dessein en parcourant ainsi les villes et les bourgs de la Judée pour enseigner aux peuples une doctrine nouvelle? — Mon dessein, répond Jésus, est de réformer les mœurs de toute la terre, de changer la religion de tous les peuples, de détruire le culte des dieux qu'ils adorent, pour faire adorer le seul Dieu véritable; et, quelque étonnante que paraisse mon entreprise, j'affirme qu'elle réussira.

« — Mais êtes-vous plus sage que Socrate, plus éloquent que Platon, plus habile que tous les beaux génies qui ont illustré Rome et la Grèce? — Je ne me pique pas d'enseigner la sagesse humaine; je veux convaincre de folie la sagesse de ces sages si vantés; et la réforme qu'aucun d'eux n'eût osé tenter dans une seule ville, je veux l'opérer dans le monde entier par moi ou par mes disciples.

« — Mais, du moins, vos disciples, par leurs talents, leur crédit, leurs dignités, leurs richesses, jetteront un si grand éclat qu'ils effaceront le Portique et le Lycée, et qu'ils pourront aisément entraîner après eux la multitude[1]? — Non, mes envoyés seront des hommes ignorants et pauvres, tirés de la classe du peuple, issus de la nation juive qu'on sait être méprisée de toutes les autres; et cependant c'est par eux que je veux triompher des philosophes et des puissances de la terre comme de la multitude.

« — Mais il faudrait, du moins, que vous pussiez compter sur des légions plus invincibles que celles d'Alexandre ou de César, qui portassent devant elles la terreur et l'épouvante, et disposassent les nations entières à tomber à vos pieds. — Non, rien de tout cela n'entre dans ma pensée. J'entends que mes envoyés soient doux comme des agneaux, qu'ils se laissent égorger par leurs ennemis, et je leur ferais un crime de tirer l'épée pour établir le règne de ma loi.

« — Mais vous espérez donc que les empereurs, que le sénat, que les magistrats, que les gouverneurs des provinces favoriseront de tout

1. Le Portique désigne l'école de Zénon ou des stoïciens, et le Lycée, celle d'Aristote ou des péripatéticiens, du nom des lieux où ces philosophes enseignaient leur doctrine, à Athènes.

leur pouvoir votre entreprise? — Non, toutes les puissances s'armeront contre moi : mes disciples seront traînés devant les tribunaux, ils seront haïs, persécutés, mis à mort, et, pendant trois siècles entiers, on s'efforcera de noyer dans des flots de sang ma religion et mes sectateurs.

« — Mais qu'aura-t-elle donc de si attrayant, cette doctrine, pour attirer à elle toute la terre? — Ma doctrine, réplique Jésus, portera sur des mystères incompréhensibles; la morale en sera plus pure que celle qu'on a enseignée jusqu'ici; mes disciples publieront de moi que je suis né dans une crèche, que j'ai mené une vie de pauvreté et de souffrance; et ils pourront ajouter que j'aurai expiré sur une croix, car c'est par ce genre de supplice que je dois mourir. Tout cela sera hautement publié, tout cela sera cru parmi les hommes, et c'est moi, qui vous parle, que la terre doit adorer un jour.

« — C'est-à-dire, répond enfin le philosophe avec un ton de pitié, que vous prétendez éclairer les sages par des ignorants, vaincre les puissances par des hommes faibles, attirer la multitude en combattant ses vices, vous faire des disciples en leur promettant des souffrances, des mépris, des opprobres et la mort;

détrôner tous les dieux de l'Olympe pour vous faire adorer à leur place, vous qui devez être, dites-vous, attaché à une croix comme un malfaiteur et le plus vil des esclaves! Allez, votre projet n'est qu'une folie; bientôt la risée publique en fera justice. Pour qu'il réussît, il faudrait refondre la nature humaine; et, certes, la réforme du monde moral par les moyens que vous proposez est aussi impossible que la réforme de ce monde matériel; et, plutôt que de croire au succès de votre entreprise, je croirais que vous pouvez d'un mot ébranler la terre et faire tomber du firmament le soleil et les étoiles. »

« Voilà comme je me figure qu'aurait pensé et parlé un philosophe à qui Jésus eût communiqué le dessein de convertir le monde païen au christianisme; et, sans doute, le succès était tellement impossible, à ne consulter que la raison humaine, que toute la sagesse eût été, en apparence, du côté du philosophe. Eh bien! ce qui était humainement impossible est précisément ce qui est arrivé: la sagesse humaine a été confondue; toutes les idées ordinaires ont été bouleversées; la folie de la croix a triomphé de l'univers; et voilà l'immortel monument de la divinité du christianisme. Et maintenant, vous comprendrez cette singulière et mémorable parole d'un savant écrivain : « Seigneur, si, en m'attachant au christianisme je me trompe, c'est vous-même qui m'avez trompé, car il est marqué à des traits que votre main seule pouvait lui imprimer. *Domine, si error est, a te decepti sumus.* »

FRAYSSINOUS.

Que dites-vous de cette argumentation ? Il me semble impossible qu'un esprit de *bonne foi* — et c'est le cas pour vos enfants, qui n'ont point encore abusé des grâces de Dieu — il me semble impossible qu'une âme droite ne soit pas convaincue par cette exposition si lumineuse de la vérité.

Vous ferez bien, aussi, de prouver à vos élèves le fait de la résurrection de Notre-Seigneur Jésus-Christ. Il est plus clair que le jour, pour tout homme raisonnable qui ne veut pas, de propos délibéré, fermer les yeux à la lumière.

Il y a bien d'autres preuves encore ; mais celles que je viens d'indiquer sont d'un plus facile abord pour de tout jeunes gens. Vos enfants de troisième peuvent déjà les comprendre, moins bien, assurément, que s'ils avaient deux ou trois ans de plus; mais dès maintenant il leur est possible de saisir assez bien la force de la preuve pour y asseoir solidement leur foi.

Je songe pourtant, surtout, en vous écrivant ceci, à vos futurs élèves de rhétorique, puisque vous avez accepté de faire cette classe l'an prochain.

La démonstration de la vérité catholique est très bien exposée dans : *Nos raisons de croire*, du P. Lodiel. Remarquez que ce livre, tout exact et bien ordonné qu'il est, convient plutôt aux âmes que n'ont point encore aiguisées les objections soi-disant scientifiques des rationalistes modernes. J'en dirais autant du petit livre si excellent de Balmès (Exposition de la religion catholique).

Pour les âmes plus compliquées je conseillerais plutôt le P. Monsabré : « L'Introduction au dogme catholique » — conférences de S. Thomas d'Aquin — et surtout l'*Amen*, dernier volume des conférences de Notre-Dame, synthèse de toute la démonstration catholique.

L'exposition des preuves de la religion, dans Bourdaloue, est un chef-d'œuvre de dialectique.

Vous me direz peut-être que vos élèves assisteront, pendant leur année de philosophie, à un cours de religion où on leur démontrera la vérité de notre foi. A quoi bon, dès lors, donner cet enseignement en seconde ou en rhétorique, où l'auditoire est moins apte à saisir la force d'une argumentation?

Je réponds que bien des enfants s'arrêtent après la rhétorique et n'entrent point en philosophie. Et puis remarquez que si les lois néfastes destinées à étrangler toute liberté d'enseignement sont promulguées, le mouvement qui déjà éloigne beaucoup de jeunes gens de la philosophie ne fera que s'accentuer. Pour moi, je vous avoue franchement que si c'est au lycée qu'il faut aller chercher l'enseignement philosophique, j'applaudirai des deux mains à cette grève d'un nouveau genre, et je voudrais que ma voix fût entendue de tous les parents chrétiens.

Dans les lycées, l'enseignement de la philosophie est, presque toujours, matérialiste ou athée; et c'est pour les jeunes gens qui le reçoivent un *immense danger*.

Il est bien facile de le comprendre.

Presque partout le professeur battra en brèche la foi chrétienne, non pas bruyamment peut-être, mais sourdement et par une série d'attaques sournoises, répétées pendant des semaines et des mois. Je le répète, parents chrétiens, c'est le plus grave danger qui puisse menacer la foi de votre enfant.

Un jeune homme de seize à dix-huit ans — règle générale — est incapable de se préserver des périls que lui fait courir un enseignement philosophique irréligieux. Songez donc qu'il n'a encore ni l'habitude de la discussion, ni une somme suffisante de connaissances acquises, ni la souplesse et la vigueur de raisonnement qu'il aura peut-être plus tard. Il lui est donc moralement impossible de trouver le défaut de la cuirasse et de percer à jour les sophismes de l'incrédulité, qui lui sont présentés par un homme dans la force de l'âge et la maturité de l'esprit, rompu à la discussion, et qui possède un ensemble de connaissances très supérieur au mince bagage de ses élèves.

Et, remarquez-le bien, les trois quarts du temps, l'écolier est déjà vaincu d'avance, parce que le maître, au début de l'année, au seuil même de son enseignement, a posé, à la sourdine, *des principes destructeurs de toute certitude naturelle*. Comment, cette hypothèse admise, établirez-vous ensuite le fondement de la foi?

La leçon a l'air tout à fait inoffensive, parce qu'il n'est point encore question *directement* des dogmes chrétiens, et le disciple qui écoute admet, de confiance, les principes posés par le professeur, sans saisir leur importance, sans se douter que cet enseignement *ruine déjà la foi dans son âme*, par l'impossibilité où il se trouvera bientôt de se rendre compte, ces théories une fois acceptées, de la vérité de la religion catholique.

Encore un coup, le danger est immense, et je ne crois pas qu'un seul père chrétien puisse, de gaîté de cœur, le faire courir à son enfant.

Et pourtant on est si facile à se payer de mots et à se nourrir d'illusions que l'on verra encore des jeunes gens, appartenant à des familles chrétiennes, élèves de philosophie dans les lycées [1].

« Que diable! mon fils est un homme; il est raisonnable. Ce n'est pas lui, certes, qui abandonnera ses principes religieux. Il n'a pas besoin, d'ailleurs, de croire tout ce que lui dira

1. Désormais, dans les établissements universitaires, les élèves du cours de mathématiques, qui se préparent au baccalauréat, auront trois heures de philosophie par semaine.

En seconde et en troisième il y aura une classe de Morale.

son professeur. N'est-ce pas, Édouard, que tu ne te laisseras pas faire? — Oh! non, papa. — Je vous le disais bien. Pour d'autres jeunes gens il y aurait peut-être des inconvénients; mais, pour mon fils, je suis convaincu que tout ira bien ».

Que de fois j'ai entendu pareil raisonnement!

La rentrée aura lieu encore, en octobre prochain, dans nos collèges ; du moins, je l'espère ; mais il est probable que dans deux ans il n'y aura plus d'établissements chrétiens en France. C'est pourquoi je vous dis : « Pour préserver, autant que possible, vos élèves des dangers futurs que fera courir à plusieurs, dans un prochain avenir, un enseignement anti-chrétien, il est à propos de bien former la foi dans leurs âmes, en leur exposant avec le plus grand soin les motifs de la créance catholique. Le péril, encore, restera très grand; mais vous aurez fait tout ce que vous pouviez faire. » — A dimanche. — *Tuus in X°*. — X. *s j*.

Paris, ce 16 février 1902.

Mon cher enfant. — Pour que vos élèves comprennent l'importance de l'enseignement religieux, il faut qu'ils soient persuadés que vous y tenez beaucoup vous-même.

Certains professeurs se laissent aller quelquefois à empiéter un peu, au profit des études profanes, sur le temps destiné au cours de religion. On me citait un établissement congréganiste, où le professeur de rhétorique, se trouvant pressé, vers la fin de l'année scolaire, par les exigences de l'examen, se serait permis d'employer le temps du catéchisme à repasser la littérature française. Ce n'est certainement pas le moyen d'attirer la bénédiction du bon Dieu.

Et puis, quel triste exemple donné aux enfants! Comment pourraient-ils croire que leur maître est persuadé de l'importance de l'enseignement religieux, quand ils voient qu'il le sacrifie, à l'occasion, à l'étude des matières profanes?

Autre exemple. Un enfant, dont la santé

était assez délicate, devait, de par la docte Faculté, passer, chaque semaine, un jour entier à la campagne, indépendamment des sorties ordinaires. Mais il était en rhétorique ; la maladie avait déjà interrompu plus d'une fois ses études, et l'examen se dressait, formidable, à l'horizon.

Dans l'espoir de tout concilier, les parents sollicitèrent pour leur fils la permission de quitter le collège, le samedi soir, pour n'y rentrer que le lundi matin. De cette façon il n'eût jamais assisté à la classe de catéchisme. Le professeur, estimant, à juste titre, que nous avions des collèges, *avant tout,* pour faire des chrétiens, ne voulut, à aucun prix, sacrifier l'enseignement religieux, et les parents, qui entendaient le langage de la foi, se rendirent à ses raisons. L'écolier eut, chaque semaine, le repos que la Faculté jugeait nécessaire ; mais ce fut un jour de classe ordinaire qui fut supprimé, et le maître souligna publiquement la mesure prise, afin de bien persuader aux élèves que dans un collège chrétien c'est l'enseignement de la religion qui tient, en tout, la première place.

Tâchez de faire le catéchisme d'une façon très intéressante. Ce sera chose facile, si vous avez soin de le bien préparer. Ceci est très important. Si vous vous négligiez sur ce point, la leçon se traînerait dans une monotonie insupportable, et les élèves bâilleraient d'ennui, rien qu'à y penser.

Il faut consacrer, *au moins*, une heure et demie, par semaine, à l'enseignement religieux. Remarquez que c'est un minimum. Deux heures ne seraient pas de trop ; loin de là.

Mais il ne faut, non plus, rien exagérer.

Un professeur, qui trouvait quelque peu suffisante la mesure que j'indiquais tout à l'heure, me faisait, un jour, ce raisonnement : «On accorde un temps considérable au latin, au grec, au français. Comment n'accorde-t-on qu'une heure et demie ou deux heures à l'enseignement de la religion, qui est plus important que tous les autres ? »

Comment se fait-il, lui répliquai-je avec un brin de malice, que vous donniez plus de temps au sommeil et aux soins du corps, en général, qu'à la prière? L'âme, pourtant, vaut mieux que le corps ! »

« De fait, l'argument ne porte pas. Il faut plus de temps pour reposer et nourrir le corps que pour nourrir et reposer l'âme. Voilà pourquoi le commun des chrétiens consacre moins d'heures à la prière qu'à la nourriture et au sommeil.

De même, on a plus tôt fait d'apprendre le catéchisme que le français, le grec et le latin, et voilà pourquoi, bien que l'enseignement religieux soit plus important que celui des sciences ou des lettres profanes, on peut consacrer à celui-ci plus de temps qu'à celui-là.

Assurez-vous fréquemment que les élèves ont compris et retenu ce que vous leur avez expliqué. Pour vous en rendre compte, interrogez-les de temps en temps sur la matière des leçons précédentes. Vous verrez s'ils ont des idées claires, ou s'ils se sont contentés d'à peu près.

Qu'il serait à désirer que dans les collèges catholiques on enseignât très sérieusement l'histoire sainte et l'histoire de l'Eglise! Cette étude devrait aller de pair avec celle du catéchisme dont elle est le commentaire et le complément naturel, complément indispensable, à mon sens, pour que l'enseignement religieux soit intégralement donné et compris.

Il serait facile d'intéresser les enfants à cette merveilleuse histoire du peuple de Dieu, cent fois plus saisissante, dans sa simple vérité, que n'importe quelle fiction. Je me rappelle encore avec quelle ardente curiosité, quelle sainte émotion, nous lisions, dans notre enfance, l'histoire de l'Eglise de Jésus-Christ, née dans le sang des martyrs, et marchant par d'éternels combats à son éternelle victoire !

Voilà une étude éminemment éducative et propre, entre toutes, à former de vrais chrétiens.

Je sais bien qu'on enseigne l'histoire sainte et l'histoire de l'Eglise dans les classes élémentaires ; mais je sais aussi par expérience que les enfants oublient très rapidement ce qu'on leur dit. Que de fois, en rhétorique, n'ai-je pas été navré de constater l'ignorance absolue de mes élèves, en cette matière ! On eût dit qu'ils n'avaient jamais entendu parler d'Abraham ou de Moïse qu'ils eussent faits volontiers contemporains d'Alexandre ou de César. A peine savaient-ils très vaguement l'histoire de Joseph. En tout cas ils n'avaient pas la moindre notion sur David, Salomon, la captivité de Babylone, les Machabées etc., etc...

C'est en troisième et en seconde qu'il faudrait leur apprendre l'histoire sainte. On objecte le défaut de temps, les exigences des programmes... En s'industriant un peu on résoudrait facilement le problème. Combien de professeurs trouvent moyen, malgré les programmes et les examens, de lire, en classe, sous prétexte de récompenser les élèves, deux ou trois volumes de Jules Verne ou de Paul Féval ! Pourquoi ne pas consacrer ce temps, un peu perdu, avouons-le, à des lectures bien autrement utiles ? Ne pourrait-on faire, une fois par semaine, je suppose, sous forme d'académie ou autrement, un cours d'histoire sainte ? Je vous garantis que les enfants y prendraient un vif intérêt.

Sans usurper le rôle du confesseur ou du directeur de congrégation, vous trouverez facilement, en enseignant le catéchisme, l'occasion toute naturelle d'inspirer à vos écoliers une piété solide : un grand amour du Sacré-Cœur, de Marie-Immaculée et de saint Joseph. Ce sont les dévotions essentielles entre toutes. Tâchez de les habituer aussi à prier souvent leur ange gardien.

L'ange gardien, *le bon ange* n'est-il pas — l'expression est un peu triviale — le protecteur officiel que Dieu a donné à chacun de nous, pour nous acheminer dans notre pèlerinage terrestre vers la céleste patrie ? Que de périls pour l'âme et pour le corps, que de péchés nous éviterions, si nous étions dévots à notre ange gardien ! C'est le plus fidèle des amis. Il s'occupe de nous, à coup sûr, même si nous ne le prions pas. Mais que son action est plus efficace, si nous recourons à lui avec amour et confiance ! Cette dévotion est un moyen bien puissant pour aller au ciel.

Ce que vous direz à vos enfants, dans cet ordre d'idées, mon cher Frédéric, produira sur eux une profonde impression, n'en doutez pas. Ils savent que vous êtes licencié ès-lettres, docteur en droit, et ils vous sentent très supérieur à eux en toutes choses. En un mot ils sont fiers de leur professeur. Et puis, malgré la légèreté de leur âge, votre dévouement à leur égard ne peut pas leur échapper tout à fait. Ils ont pour vous beaucoup d'estime, de respect et d'affection... Servez-vous en.

Il est possible que tel ou tel de ces enfants vous parle, en toute simplicité et confiance, de sa vocation, ou de choses intéressant directement la conscience. Règle générale : abstenez-vous d'entrer par cette porte, même toute grande ouverte. Vous n'avez pas grâce d'état pour le faire Encouragez par des paroles édifiantes, sans sortir du domaine des généralités, et renvoyez toute direction pratique au Père spirituel.

Je ne vous écrirai pas, dimanche prochain, parce que je vais m'absenter pour une douzaine de jours. Je compte être de retour de samedi en huit et avoir le temps de vous envoyer un mot, le lendemain, 2 mars. Adieu. *Tuus in X°*. — X. *sj*.

Paris, ce 2 mars 1902.

Vous me demandez mon avis, mon cher Frédéric, sur la fameuse question des classiques chrétiens, qui a divisé si fort les esprits, il y a quelque cinquante ans, et fait couler des flots d'encre, presque autant que la querelle des Anciens et des Modernes.

Il paraît qu'autour de vous on a rouvert vivement la discussion et qu'on s'excommunie réciproquement. C'est l'effet ordinaire de ces sortes de débats, dont j'avoue ne pas très bien apercevoir l'utilité.

Jusqu'à présent, me dites-vous, vous avez gardé la neutralité. Je vous en félicite et vous conseille très fort de conserver cette attitude.

Aussi bien n'attendez pas de moi que je vous fasse un plaidoyer pour ou contre.

Un juriste byzantin disait jadis qu'on avait écrit tant de commentaires sur les *Institutes* de Justinien, que la collection de ces ouvrages eût suffi à charger un chameau. Un éléphant serait-il capable de porter tout ce qu'ont écrit détracteurs et partisans des classiques chrétiens ? Quant à moi, je ne me sens ni le talent ni l'attrait d'ajouter encore un volume à la charge du chameau, ou de l'éléphant, si vous aimez mieux.

On a fait valoir, de part et d'autre, d'excellentes raisons, et lâché aussi quelques sottises. C'était inévitable, et je ne trouverais certainement rien à proposer, dans un sens ou dans l'autre, qui n'eût été dit cent fois. Souffrez donc que je baisse la lance, et qu'imitant votre prudente réserve je reste à l'écart de la mêlée.

D'ailleurs l'*éclectisme* a du bon, quelquefois ; pas en philosophie, bien sûr ; mais, en matière d'art ou de littérature, on peut admettre qu'il y ait du bon dans deux écoles rivales.

Ainsi je trouve que les partisans des classiques païens s'indignent avec raison, à la pensée d'ensevelir dans l'oubli tant d'œuvres excellentes, dont le style est parfait et où la morale la plus sévère ne peut absolument rien reprendre, — je ne parle, bien entendu, que des éditions soigneusement expurgées, à l'usage de la jeunesse. — Ces pages sont éminemment *éducatives*, parce que, sous une forme exquise, la noblesse de la pensée s'y allie à la chaleur du sentiment dans une mesure parfaite, où il n'y a, selon le mot de Pascal, *rien de trop ni rien de manque*. C'est un élément puissant de formation intellectuelle et morale, dont nous n'avons pas le droit, nous, élevés à cette école, de priver les jeunes générations, sous peine de ressembler, au dire de La Bruyère, à ces enfants *drus et forts d'un bon lait qu'ils ont sucé, qui battent leur nourrice.*

Quelle folie de retirer des mains de nos écoliers cette merveilleuse Iliade, où les scènes les plus gracieuses reposent des fureurs d'Arès !

Qui donc pourrait lire sans émotion cette suprême entrevue d'Hector et d'Andromaque, qui a fait justement l'admiration de tous les siècles ? Et cette page grandiose des *Perses*, d'Eschyle, où le poète-soldat chante avec une si mâle énergie l'immortelle victoire de Salamine ?

Connaissez-vous scène plus émouvante que le dialogue de Créon et d'Antigone, où la vierge thébaine se glorifie d'avoir mieux aimé obéir aux dieux qu'aux hommes, et de descendre, victime de l'amour fraternel, dans la sombre demeure d'Hadès ? Je vous citais, l'autre jour, de mémoire, cette page que je ne me suis jamais lassé de relire.

Quoi de plus exquis que certaines pages du Phédon, qui ont inspiré au plus harmonieux de nos poètes ces beaux vers, que je vous faisais apprendre jadis. Vous les rappelez-vous, Frédéric ?...

Les poètes ont dit qu'avant sa dernière heure
En sons harmonieux le doux cygne se pleure !
Amis, n'en croyez rien : l'oiseau mélodieux
D'un plus sublime instinct fut doué par les dieux.
Du riant Eurotas près de quitter la rive,
L'âme, de ce beau corps à demi fugitive,
S'avançant, pas à pas, vers un monde enchanté,
Voit poindre le jour pur de l'immortalité,
Et dans la douce extase où ce regard la noie,
Sur la terre, en mourant, elle exhale sa joie.
Vous qui, près du tombeau, venez pour m'écouter,
Je suis un cygne aussi ; je meurs, je puis chanter !

. . . .

Relisez, mon cher Frédéric, le récit saisissant de la prise d'Élatée, dans le *discours sur la couronne*, et surtout l'admirable péroraison, où l'orateur athénien démasque impitoyablement les traîtres, qui marchent « le regard baissé, accablés de tristesse par les succès de la ville, et tressaillent de plaisir à la nouvelle des malheurs d'Athènes, pressant dans leurs bras ou caressant des yeux les affidés de Philippe, qu'ils chargent de porter au Macédonien, par delà les frontières, leurs saluts et leurs compliments. »

Les traîtres de tous les temps ont toujours des traits de famille !

« Puissent les Dieux, s'écrie Démosthène, guérir ces hommes dévoyés en ramenant dans leurs cœurs l'amour de la vérité et de la justice ! Mais s'ils s'opiniâtrent dans la trahison, qu'alors la puissance divine extermine, sur la terre et sur les flots, ces impies, avant qu'ils aient eu le temps d'accomplir leurs desseins sacrilèges, et qu'elle rende enfin à tous les citoyens fidèles la paix et la liberté ! »

Cette page vibrante dont je n'indique ici que la pensée générale (j'ai perdu, comme je vous l'ai dit, tous mes pauvres bouquins !) n'est-elle pas vraiment de l'histoire contemporaine, et Démosthène eût-il parlé autrement, s'il avait vécu de nos jours, citoyen français, témoin des attentats de ceux qui ont juré de perdre la France ?

Faut-il proscrire encore Virgile et ses aimables peintures de la vie champêtre, Lucrèce et ses magnifiques descriptions de la nature? — L'auteur, j'en conviens, a besoin d'être soigneusement expurgé — l'Orateur latin et ses discours, et les admirables tableaux de la décadence romaine, gravés par Tacite en traits immortels?

Hélas! c'est à peine, si de nos jours quelques rares esprits goûtent encore ces œuvres exquises, où tout est harmonie, mesure et clarté!

Quel symptôme de décadence! La force tempérée par le goût n'a plus d'admirateurs. On ne cherche plus que ce qui est violent, outré; la sensation et non le sentiment; le heurté et l'extravagant plutôt que l'harmonieux et le raisonnable. L'exagération est appelée puissance, et la mièvrerie, délicatesse.

Mais je suis trop vieux, Frédéric, et ne marche point du pas de la génération nouvelle...

Entre nous, tout de même, j'aime mieux boiter que marcher comme font quelques-uns. A demain la fin de cette épître déjà si longue.

Lundi 3 mars. — Si c'est, à mon sens, un pur vandalisme de proscrire les œuvres et les auteurs dont nous parlions hier, j'avoue pourtant très volontiers que n'étaient les exigences des programmes universitaires, je ne comprendrais pas pour quel motif on consacre tant d'heures à l'étude des *Odes* d'Horace, dont l'inspiration me semble si courte, les idées si banales, la morale si faible... pour ne rien dire de plus. Passe encore pour la lettre à Auguste et celle aux Pisons, avec quelques satires soigneusement expurgées. Mais que le reste est vide d'idées et de sentiments! Et dans le théâtre grec, que de longues tirades froides et sans vie — ayons le courage de le dire — où il n'y a absolument rien d'éducatif, à moins qu'il ne faille nécessairement attribuer cette qualité à tout ce qui est solennel et ennuyeux. Certains morceaux oratoires de Cicéron ne valent pas non plus, à mon sens, le temps qu'on emploie à les analyser en classe ou même à les admirer.

Mais nous n'avons pas le loisir de passer la revue des auteurs grecs ou latins...

Pour conclure, si je suis prêt, mon cher Frédéric, à défendre, *unguibus et rostro*, les auteurs païens dont j'ai parlé, je réclame, avec une conviction non moins ferme, qu'on fasse une grande part, dans le choix des classiques, aux Pères de l'Eglise grecque et à ceux de l'Eglise latine.

Il y a dans saint Jean Chrysostome, dans saint Basile, dans saint Grégoire de Nazianze, des pages ravissantes, et si la forme est un peu moins pure que celle de Platon, combien la morale est plus haute, et plus haute aussi l'influence éducatrice ! Quel passage de Sophocle, de Démosthène, de Cicéron ou de Virgile vaudra jamais, pour la formation d'un jeune homme, telle et telle page des *Confessions* de saint Augustin ? Que de choses touchantes aussi dans saint Ambroise et dans saint Jérôme ! Et quelle source de piété solide et d'énergie chrétienne que ces *entretiens* de saint Bernard, où sont traduits en traits de flamme les ardeurs de son amour pour la Vierge Marie et Jésus crucifié !

N'est-ce pas pitié de laisser cette lumière sous le boisseau et de se cantonner exclusivement dans l'étude des auteurs païens ?

Allons ! j'avais dit que je ne discuterais pas la question, et m'y voilà lancé à corps perdu... Que de fois, en vous écrivant, mon cher Frédéric, n'ai-je pas manqué à mes plus fermes résolutions, oubliant moi-même le précepte que je vous recommandais l'autre jour, « *Esto brevis* » que La Fontaine exprime si gracieusement :

> Bornons ici notre carrière,
> Les longs ouvrages me font peur ;

Loin d'épuiser une matière,
On n'en doit prendre que la fleur.

Votre vieil ami, X. *s j.*

P.-S. — Après réflexion, je comprends qu'il me serait impossible de vous écrire d'une façon suivie d'ici la fin du carême. Je vais partir demain et commencer une série de prédications qui me mèneront jusqu'à Pâques. Je reviendrai ici, le mardi, 1er avril. Je ne vous enverrai donc point de lettres avant le dimanche de Quasimodo.

Frédéric B. au Père X.

Sainte-Anne-d'Auray, lundi 7 avril 1902.

Vous serez peut-être surpris, mon très aimé Père, de recevoir une lettre datée de Sainte-Anne. J'y suis depuis samedi soir, et voici pourquoi.

Vous n'ignorez point que depuis plusieurs mois la pensée de ma vocation me donnait à réfléchir. J'y trouvais sans doute beaucoup moins d'attraits que de sujets de répugnance. Cela aussi, vous le saviez; mais je n'avais pu vous dire encore que depuis plusieurs semaines j'éprouvais, en y pensant, de véritables angoisses. Quelque chose me disait sans cesse que le bon Dieu me voulait tout à lui; mais en même temps je sentais croître mes craintes, et mes répugnances aussi, pour l'état de vie que j'entrevoyais. J'ai passé un bien triste mois de mars, et, pour comble d'ennui, je n'osais pas vous écrire, vous sachant absorbé par votre mission.

Dans la détresse où je me trouvais je fis un vœu à sainte Anne. Vous savez quelle dévotion tous les Bretons ont pour cette chère sainte. C'est au point que les étrangers au pays, qui ne connaissent point à fond l'âme bretonne, si droite et si simple, pourraient être tentés de se demander, si, dans leur estime, les bonnes gens de chez nous ne placent point la bonne Mère un peu au-dessus de la sainte Vierge, sa fille immaculée.

Je me rappelle avoir vu, l'été dernier, un jour de pèlerinage à Sainte-Anne-d'Auray, un groupe de Bretonnes priant avec une grande dévotion devant l'autel de la sainte. Comme elles quittaient l'église, elles passèrent devant la chapelle de la sainte Vierge, et je les entendis, de mes oreilles, dire en breton, en faisant une courte révérence : « Bonjour à vous, petite Mariette ! »

J'espère, tout de même, que la sainte Vierge n'est pas jalouse de sa mère, et qu'elle n'en veut pas trop aux gens de chez nous.

Mais je reviens à mon vœu. Je promis donc à la bonne Mère sainte Anne d'aller, à pied, de Ker-Maria à son sanctuaire d'Auray, pendant la semaine de Pâques, la priant de vouloir bien, en retour, m'éclairer sur ma vocation.

Arrivé à la maison, le lundi de Pâques, je commençais, le lendemain, mon pèlerinage.

J'en avais parlé à maman dès la première heure, mais sans lui découvrir le motif de cet acte religieux. Elle consentit de grand cœur à sacrifier, au profit de la bonne Mère, quelques jours des vacances de son fils. Mais, pour s'unir à mes prières et aussi, un peu, je pense, pour ne pas me perdre trop longtemps, elle décida qu'elle me rejoindrait, à Sainte-Anne, le samedi suivant. Nous avions calculé que j'y serais, ce jour-là, dans la soirée.

Je fis de mon mieux mon pèlerinage, mais avec de grandes peines d'esprit, ce qui ne vous surprendra pas trop. Maman arrivait ici, à peu près en même temps que moi, le soir du samedi. Le lendemain matin, c'est-à-dire hier, après nous être confessés, nous allâmes à la messe de huit heures, où nous fîmes la sainte communion. A ce moment-là, le bon Dieu m'a parlé de façon si claire que toutes mes hésitations ont disparu. Je sais bien que le sacrifice sera très douloureux; mais je sens que Notre-Seigneur le demande, et ce sentiment intime qu'il m'a mis au cœur m'a bien soulagé. A mon gré, les *si*, les *peut-être*, les *est-ce que* sont tout ce qu'il y a de plus angoissant.

Il y avait, je l'ai su plus tard, trois bons quarts d'heure que j'étais en action de grâces, et je ne m'apercevais pas que le temps passait. Vers ce moment-là, j'éprouvai soudain une terrible tentation. La pensée que j'allais quitter pour toujours ma mère bien-aimée se présenta à mon esprit avec une force inexprimable, me causant un insupportable tourment. Je crois que j'ai été bien près de succomber à cet assaut. Je suis sûr pourtant que dans mon attitude rien ne pouvait trahir la profonde émotion qui m'envahissait.

Soudain maman se leva, et, s'approchant de moi, elle me dit à l'oreille : « Mon enfant, si le bon Dieu te demande un sacrifice, que la pensée de ta mère ne t'arrête pas un instant ! »

Qui lui avait dit cela, mon Père ? Moi, je ne lui avais jamais soufflé mot de ma vocation, et elle non plus ne m'en avait jamais parlé. Il faut qu'elle soit une grande sainte pour avoir lu ainsi ce qui se passait dans mon âme !

En entendant ce qu'elle me dit, je fus saisi d'une crise de larmes, et je ne pus lui répondre. Heureusement il n'y avait alors presque personne dans l'église ; aussi je crois qu'on ne nous a point remarqués.

Mère s'était remise à genoux sans ajouter une parole.

Bientôt je redevins maître de moi : je fis courageusement mon sacrifice et je me sentis envahir par une grande paix. Je me relevai alors, et, me retournant, je vis que maman pleurait. Elle me fit signe d'attendre un instant ; puis, au bout de quelques secondes, elle se leva à son tour et se dirigea vers la porte.

Je la suivis jusqu'à l'hôtel où nous étions descendus. Nous marchions silencieux, ne trouvant pas une parole à nous dire. Enfin, quand nous fûmes dans sa chambre, elle m'ouvrit les bras ; je tombai à genoux près d'elle, et alors je lui dis tout. Elle m'a félicité, encouragé, exhorté au combat.

Quelle âme généreuse, mon Père ! Le sacrifice est si dur pour elle... Elle m'a dit, ce jour-là, pour la première fois : « De mes trois enfants tu es celui que j'ai le plus aimé. »

J'aurai moult choses à vous dire, mon excellent Père, quand j'aurai le plaisir de vous voir. Il a été décidé, — dites-moi là-dessus votre sentiment — que je ne partirais qu'à la fin de l'année prochaine. On compte sur moi, au collège, pour la rentrée d'octobre. J'embarrasserais beaucoup, si je revenais sur ma promesse. Après avoir fait la rhétorique pendant l'année scolaire 1902-1903 — si toutefois notre joli gouvernement laisse encore quelque chose debout en France — je consacrerai à maman les trois mois d'août, de septembre et d'octobre, et, le 2 novembre, je partirai pour le noviciat. Je devrai probablement m'expatrier, étant donnée la liberté dont nous jouissons dans notre pauvre pays.

Je vous déclare que je vais chasser comme un perdu pendant les deux dernières vacances que j'ai encore à passer à Ker-Maria. La pensée de ne plus jamais goûter ce plaisir m'agace fort. J'en suis honteux ; mais c'est ainsi. Ce goût-là est dans le sang ; on ne s'en défait pas à volonté.

Maintenant, à la porte de quel noviciat irai-je frapper? Voilà le *hic!* Je vois clairement qu'il faut que je sois religieux; mais je n'ai pas de lumière décisive sur l'ordre où je dois entrer. J'hésite surtout entre les Jésuites et les Bénédictins. Je crois bien que ce sera dans un de ces deux ordres-là. Conseillez-moi; je sais que vous parlerez avec une impartialité complète. Ce n'est pas un *coup de pouce* que j'attends, mais votre simple appréciation.

Au revoir, cher et bon Père; croyez à la respectueuse amitié de celui qui sera peut-être bientôt votre *petit frère*. — Frédéric B.

P. S. Je ne veux pas que Sœur Marguerite le sache avant que mon départ soit un fait accompli. La joie la rendrait folle, et elle serait capable d'en parler à tout venant.

Le Père X à Frédéric.

Paris, ce mercredi 9 avril 1902.

Quelle grande nouvelle vous m'annoncez, mon cher enfant! Elle ne me surprend pourtant pas.

Sans vous en avoir jamais rien dit, j'étais convaincu que vous arriveriez, un jour, un peu plus tôt, un peu plus tard, au point où vous en êtes maintenant. Je remercie Dieu avec vous, et je vais prier pour votre persévérance.

Quelle sainte mère que la vôtre ! et quelle belle place lui est réservée là-haut ! Dès ici-bas le bon Dieu la récompensera royalement, divinement, comme Lui seul peut le faire.

Je trouve tous vos arrangements très sages. Quant à vous *conseiller* sur le choix de l'ordre, je n'en veux rien faire, mon enfant. C'est à Dieu qu'il appartient de vous marquer sa volonté, et il le fera certainement, si vous lui demandez la lumière.

Pour ce qui concerne la chasse, il est probable, en effet, que vous aurez tiré votre dernier coup de fusil, quand vous entrerez au noviciat. La théologie permet pourtant aux clercs de chasser, pourvu qu'il ne s'agisse pas de poursuivre le gibier à cor et à cris, mais d'une chasse tranquille, *cum uno sclopeto et simplici cane*, avec un fusil et un chien. Ce sont les termes mêmes dont se servent les auteurs classiques.

Cette formule m'a toujours paru bien drôle. Ce *simplex canis* a vraiment une bonne tête, ne trouvez-vous pas? Un chien bien simple, bien naïf, point ami du monde et des faux plaisirs, doux, sobre et posé, avec des pensées sérieuses et des allures modestes, ainsi qu'il sied au compagnon d'un *monsieur* prêtre.

D'ailleurs vous vous rattraperez au ciel... si vous en avez envie. C'est la réponse d'un de nos Pères missionnaires — j'ai oublié son nom — à un vieux Chinois, qui, sur le point de consentir à recevoir le baptême, n'opposait plus qu'une objection, mais une objection redoutable : « Pourtant, disait-il, je ne pourrai pas rester au ciel, toute l'éternité, sans fumer ma pipe! Penses-tu que le bon Dieu me permettra d'avoir ma pipe, au paradis? — Tu l'auras, ta pipe, ma vieille tête (c'est une formule honorifique), et même une bien plus belle encore, si tu le désires », fit le Père avec assurance.

Cette promesse rassura le vieux. Sa dernière objection n'existait plus.

J'espère, Frédéric, que la même réponse vous fera le même effet. — Bien à vous, de cœur.

X. *sj.*

Paris, ce 13 avril 1902.

Vous croyez au triomphe prochain des catholiques, mon cher enfant?... Je ne voudrais pourtant pas jeter de l'eau froide sur votre enthousiasme; mais je suis d'avis que la vérité est toujours bonne à dire, à ceux, du moins, qui auront assez de courage pour la supporter, et qui n'ont pas besoin de compter absolument sur la victoire pour demeurer sur la brèche. Vous êtes de ces braves, mon cher Frédéric, et c'est pourquoi je ne crains pas de vous dire, qu'à mon avis, les élections seront détestables.

Paris votera bien. Il commence à se lasser de supporter le joug de la franc-maçonnerie, qui nous gouverne au plus grand profit de l'Angleterre et de l'Allemagne, et je ne serais point trop étonné si la Ville-Lumière administrait une volée de bois vert aux candidats ministériels. Dans les grands centres de province, on votera, sinon bien, du moins un peu moins mal qu'à l'ordinaire, parce que la plupart des ouvriers et des bourgeois commencent à voir où on les mène; mais, dans les campagnes, nous serons écrasés presque partout. Dans le Midi, le Centre, et une bonne partie de l'Est les paysans sont de vrais païens, uniquement sensibles au lucre et au bien-être, et qui voteraient pour le diable, si le diable leur promettait de leur faire gagner de l'argent. Enfin je souhaite vivement d'être mauvais prophète; mais je suis convaincu qu'il faudra plusieurs années encore pour améliorer le suffrage universel.

Pour le moment, tâchons de bien préparer nos enfants aux luttes prochaines; car c'est une rude bataille qu'ils auront à livrer pour rester Français et chrétiens.

Nous avons parlé jusqu'ici de l'éducation et de l'enseignement religieux. Il est temps d'en venir aux études profanes, où un maître zélé peut encore trouver beaucoup d'occasions de faire du bien à ses élèves.

Tâchez, mon cher Frédéric, de rendre votre classe intéressante. C'est tout à fait nécessaire pour que les enfants travaillent avec constance et entrain. Certains professeurs oublient trop ce principe, capital pourtant, en matière de pédagogie. Ils se figurent qu'un enseignement *savant et bien ordonné* est toujours un gage certain du succès. Comme ils se trompent ! C'est quelque chose, assurément, que l'exactitude et l'ordre; mais ce n'est pas tout. Il faut, pour qu'une classe prenne goût au travail, que l'enseignement du maître soit intéressant, c'est-à-dire vivant, varié, pratique.

C'est dans la nature même des choses. « On ne prend pas les mouches avec du vinaigre » dit le proverbe. Vous connaissez le mot de La Fontaine, qui exprime si justement la même pensée :

Une morale nue apporte de l'ennui ;
Le conte fait passer le précepte avec lui.

Le fabuliste se rencontre avec le poète Lucrèce, qui nous dit que les vrais sages imitent les médecins. Ceux-ci, pour décider l'enfant à boire le breuvage amer qui doit lui rendre la santé, ont soin d'enduire de miel le bord de la coupe, afin qu'attiré par la douceur du parfum, le petit malade absorbe en souriant le dictame salutaire. « Ainsi, conclut le poète, devons-nous répandre le doux miel de la Muse sur les arides leçons de la Sagesse, qui, séparée du charme des vers, ne parlerait plus au cœur des mortels. »

... Veluti pueris absinthia tetra medentes,
Cum dare conantur, prius oras, pocula circum,
Contingunt mellis dulci flavoque liquore,

Ut puerorum ætas improvida ludificetur
Labrorum tenus, interea perpotet amarum
Absinthi laticem, deceptaque non capiatur,
Sed potius tali pacto recreata valescat.

. . . .

Vous rappelez-vous ces beaux vers, que vous aviez si joliment traduits en rhétorique? C'était une composition, et j'hésitai longtemps entre votre copie et celle de Richard, ne sachant trop à qui était due la première place. Mais votre camarade n'avait pas aussi bien que vous, à mon avis, reproduit la couleur de Lucrèce. Surtout le : *decepta non capiatur* était moins net. Vos deux copies, d'ailleurs, étaient excellentes, et je me rappelle vous avoir administré, à tous deux, un 17, largesse dont je n'étais pas coutumier, mes anciens élèves peuvent le dire.

Il s'agit, remarquez-le bien, Frédéric, non pas d'*amuser* sa classe, mais de l'*intéresser*, ce qui est très différent. Certains professeurs s'ingénient à trouver les moyens de distraire, à tout moment, leurs élèves : lectures curieuses, repos accordés de temps en temps, causeries qui s'engagent des bancs des écoliers au fauteuil du maître, petits jeux de société, etc., etc...

Je ne condamne pas indistinctement l'emploi

de tous ces moyens. En tout cas faut-il en user très modérément. J'admets bien, par exemple, qu'au milieu d'une classe de deux heures ou deux heures et demie, le professeur fasse sortir ses élèves pour une récréation de quelques minutes. Ce petit repos détend l'esprit, calme les nerfs, récrée l'attention lassée. Pendant ce temps l'air de la classe s'est renouvelé, les microbes ont pris la clef des champs ; et quand nos écoliers regagnent leurs bancs, les fronts sont rassérénés, les idées plus fraîches, les esprits mieux disposés au travail. Le professeur lui-même a eu le temps de souffler et revient plus dispos à la besogne. Cette perte très légère de temps — quatre ou cinq minutes, je suppose — est, à mon avis, amplement compensée par une plus grande somme d'application.

J'aime beaucoup moins les repos, plus ou moins fréquents, pris dans la classe même. Le professeur, le plus souvent, se met à causer avec ses élèves et s'absorbe au point de ne pas du tout se rendre compte de ce qui se dit ou se fait autour de lui. S'il prétend que rien ne lui échappe, il découvre par là sa naïveté. Je mets bien au défi n'importe quel professeur, même s'il reste dans sa chaire et s'abstient de causer avec les enfants, de savoir ce qui se dit, quand il a donné la permission générale de parler.

Je ne trouve pas mauvais non plus qu'on lise, de temps en temps, quelques passages d'un livre intéressant pour récompenser les élèves et les encourager au travail. Mais, encore un coup, il faut user du procédé assez rarement.

Remarquez bien, Frédéric, que les moyens dont nous parlons peuvent amuser les enfants, mais qu'ils n'ont point du tout pour effet de les intéresser à leur travail. Ces lectures, ces récréations, ces causeries, toutes ces industries et autres du même genre les distraient, je le veux bien; mais c'est tout l'effet produit; et loin de faire prendre goût à la besogne, elles auraient plutôt pour résultat de faire trouver l'étude plus pénible, plus ingrate, plus ennuyeuse.

Je me souviens qu'au temps où j'étais écolier — il y a belle lurette que ces jours-là sont passés — un de nos professeurs nous faisait assez souvent des lectures en classe. Quand nous avions bien suivi l'explication d'Homère ou de Virgile, nous avions droit à un quart d'heure de Robert-Robert ou d'un beau conte de Paul Féval. Il fallait voir l'application que nous mettions à la traduction du texte!

Parfait! direz-vous... Attendez, avant de chanter victoire!

Je vous garantis que nous ne prenions pas le moindre intérêt à l'auteur que nous expliquions. Nous ne pensions qu'à une chose : satisfaire le professeur, pour avoir la suite de la fameuse histoire. *La Dame blanche des marais* allait-elle sauver la pauvre comtesse et son enfant? — La *Rapide* échapperait-elle aux trois vaisseaux anglais qui lui donnaient la chasse? Qu'était devenu Lavonette? — Voilà ce qui nous occupait. Mais, quant à savoir si Hector éviterait les coups du cruel Achille, si Nisus et Euryale sortiraient du camp des Rutules, nous en avions cure comme le coq de la Fable se soucie de la perle rencontrée sur son chemin.

Et nous trouvions l'explication plus longue que jamais, parce que notre imagination nous emportait à la suite de Robert-Robert ou du petit batelier des marais de l'Oust.

Aussi, quand le professeur, après la lecture d'un passage bien captivant, nous faisait reprendre l'auteur. « Oh! que c'est ennuyeux! murmurait-on sur tous les bancs. Sale Virgile, va! à quoi ça sert-il, le latin? »

Voyez-vous le résultat? Vous n'intéressez pas l'enfant à la classe; vous l'en dégoûtez plutôt.

Ce qu'il aime, ce n'est pas l'enseignement donné; c'est quelque chose *à côté*, la friandise pour faire avaler la drogue. — Bonsoir; à demain.

Ce 14 avril. — J'ai eu un autre professeur, qui, lui, procédait tout autrement. Nous faisions alors notre troisième, je m'en souviens. Nous expliquâmes, cette année-là, l'Iliade presque tout entière. Dame! on savait mieux le grec qu'à présent!

Si vous aviez vu l'intérêt que nous prenions au siège de Troie! Notre professeur avait dessiné pour nous un plan superbe de la ville de Priam et du camp des Grecs. Les portes d'Ilion, la colline des figuiers, le tombeau d'Ilus, le rempart des Grecs, les places où campaient les différents chefs avec leurs soldats, l'emplacement des vaisseaux... tout y était. Ici la tente d'Agamemnon, le Roi des rois; un peu plus loin celle de Ménélas. Là c'étaient les vaisseaux d'Achille et le camp des Myrmidons, où le héros rongeait sa colère, μῆνιν ἄειδε, θεά!.. Puis le prudent Ulysse, le brave Diomède, les deux Ajax, le vieux Nestor, etc., etc... Le plan était-il exact? Je n'en jurerais point. Je ne crois pas que les Atrides aient jamais eu la pensée de faire dresser une carte d'état-major.

Enfin le brave homme avait suivi consciencieusement les indications du vieil Homère. Toujours est-il qu'il avait su nous enthousiasmer pour l'auteur et ses héros. Nous avions tous reproduit, tant bien que mal, le fameux plan. Et chacun, selon ses sympathies personnelles, se rangeait du côté des Grecs ou des Troyens.

La classe était divisée en deux camps, et tous nos exercices scolaires étaient des batailles en règle. J'entends encore nos cris d'enthousiasme, quand, le samedi soir, notre professeur, ayant proclamé le triomphe des Grecs ou des Troyens, le chef du parti victorieux, Hector ou Achille, allait prendre dans les rangs ennemis le drapeau vaincu et revenait fièrement le planter à côté du sien !

Cette année-là, nous ne demandions point qu'on nous lût des contes. Le conte le plus merveilleux, c'était l'auteur que nous avions entre les mains, et l'étude elle-même était notre récompense.

Voilà ce que j'appelle intéresser *à la classe.*

Pour obtenir ce résultat, il faut préparer soigneusement la leçon de chaque jour, prévoir ce qu'on expliquera, déterminer le temps qui doit être consacré à chaque matière. Vous éviterez ainsi le caprice, le décousu, les moments perdus. Vous marcherez à coup sûr, et sans tâtonnements; et les élèves, se sentant dirigés et tenus en main, emboîteront le pas sans arrière-pensée.

Quand, au contraire, la classe a été peu ou point du tout préparée, tout marche *à peu près*. On reste plus qu'il ne faudrait sur telle matière; on omet telle autre, parce qu'on n'est pas sûr de soi; et si l'omission se renouvelle souvent, voilà, dans l'enseignement de l'année, une grave lacune, que le successeur comblera, l'an prochain... s'il le peut. On perd le temps à chercher à droite et à gauche le livre qu'on devrait avoir sous la main, ou le passage qui n'est point marqué. C'est déjà pour vos élèves un exemple plutôt fâcheux. Et puis on s'explique mal, ou ressasse indéfiniment la même idée; on marche sur place; ou bien l'on touche des sujets que l'on ne connaît pas assez. Il faudra plus tard rectifier ce qu'on a dit. On le sent bien, et l'on finit par s'irriter contre soi-même et contre l'auditoire qui n'en peut mais. L'enfant, qui s'ennuie, devient inquiet, nerveux, songe à s'amuser, rit bêtement de tout. Vous sentez que vous ne tenez plus votre classe.

Il faut toujours préparer une leçon publique, quelque habitude que l'on ait de l'enseignement. Sans doute un professeur blanchi sous le harnois peut expédier cette besogne beaucoup plus vite qu'un débutant ; mais la préparation immédiate est toujours nécessaire, pour que la classe soit faite d'une manière vivante et pratique.

Il ne suffit pas d'avoir étudié soigneusement les matières qu'on doit expliquer ; il faut encore que l'enseignement soit donné avec vigueur et entrain. C'est fatigant, je l'avoue, quand la santé n'est pas très solide. C'est extrêmement fastidieux, quand on fait la classe depuis de longues années et qu'on est astreint aux exigences des programmes universitaires. Mais il faut s'armer de courage, se persuader qu'on fait une œuvre très méritoire, se souvenir enfin qu'un sillon ne se creuse pas sans un rude labeur.

On s'encourage aussi par la pensée du bien fait aux âmes.

Certaines gens sont portés à dédaigner l'œuvre des collèges, l'obscur labeur de l'enseignement. Je n'ai qu'une réponse à leur faire. Qu'ils regardent avec quelle haine les ennemis de Dieu et de la patrie poursuivent la destruction des collèges religieux, et ils comprendront peut-être que l'œuvre des maîtres chrétiens est une des principales, je dirai volontiers la principale des temps présents.

L'ennui naquit un jour de l'uniformité.

C'est vrai pour tout le monde ; à plus forte raison pour les enfants qui ne peuvent fixer longtemps leur attention sur le même objet. Tenez grand compte de cette observation dans la distribution des matières de classe. Sans cette précaution vous verrez bien vite les yeux de votre petit monde errer de côté et d'autre, et vous constaterez qu'on ne vous écoute plus. Les enfants causeront, s'amuseront, se tiendront fort mal. Si vous êtes redouté, l'auditoire demeurera peut-être calme et soumis, en apparence, et les yeux tournés vers vous. Mais l'imagination, qui échappe toujours au contrôle, vagabondera loin de la classe, et vous vous serez donné beaucoup de mal pour un mince profit.

Il y a mille moyens de soutenir l'attention des enfants.

Interrogez-les fréquemment pour les tenir en haleine et qu'ils soient obligés d'être toujours sur leurs gardes. Ayez soin de questionner tout le monde et de ne pas vous cantonner entre trois ou quatre élèves plus intelligents ou plus attentifs, comme si les autres n'existaient pas. Sûrs de n'être point inquiétés, ceux que vous oubliez en prendraient vite leur parti et ne feraient plus aucun effort pour suivre les explications et trouver la réponse à faire.

En un mot souvenez-vous que les enfants ont une très grande activité d'esprit, qui, pour être bien employée, ne doit jamais manquer d'aliment. Un des grands talents du professeur est de n'être jamais à court et d'avoir toujours une flèche sous la main. Si vous avez soigneusement préparé votre classe, il arrivera bien rarement que vous soyez pris au dépourvu.

Je vous quitte, mon cher enfant ; car voici l'heure de mon souper, et il faut, aujourd'hui, que j'aille le chercher au diable vert. La brave femme qui m'apporte ma pitance quotidienne est malade depuis quelques jours. Mon vieux Julien est dans son pays pour le mariage d'une nièce quelconque. Je suis donc orphelin, pour le moment... Heureusement un de mes amis, prenant en pitié mon infortune, m'a offert le vivre, sinon le couvert ; mais il demeure aux Batignolles, et il fait un temps à ne pas mettre un chien dehors. Vive le ministère ! A demain.

Ce 15 avril. — Je vais tâcher d'achever ce que j'avais à vous dire sur la manière de diriger la classe.

Sachez distribuer à propos le blâme et la louange. Les enfants sont extrêmement sensibles aux marques publiques d'approbation et de désapprobation.

L'éloge les fait rougir de plaisir, et une verte réprimande, si elle est bien justifiée, produit souvent plus d'effet sur eux qu'une grave punition.

Tâchez qu'ils tiennent beaucoup à leurs places, à leurs décorations, à leurs notes de la semaine et du mois, à tous les avantages ou privilèges qu'assurent aux élèves sérieux le travail et la bonne conduite. Si vous semblez n'y pas attacher d'importance, ces distinctions perdront bientôt toute valeur à leurs yeux, et vous vous serez privé vous-même d'un moyen puissant d'émulation.

Il est bon de confier un petit poste, un emploi spécial aux élèves les plus méritants. Les garçons de douze à seize ans tiennent énormément à être chargés d'un rôle, d'un office quelconque, dont leur imagination a bien vite grossi l'importance, surtout si cette charge est présentée comme un privilège leur donnant un droit *qu'eux seuls* peuvent exercer à l'exclusion de tous leurs camarades.

Petits, bien petits détails, me direz-vous. D'accord ; mais ils ont tout de même une grande importance pour la direction des enfants. Il suffit, pour s'en rendre compte, de connaître, un tant soit peu, la nature humaine.

Un sociologue bien connu — c'est Louis Blanc, si je ne me trompe — dit quelque part que pour faire accepter d'enthousiasme, par un garçon de douze à quatorze ans, la charge de nettoyer les cabinets, il suffirait de lui présenter la fonction comme privilégiée et lui conférant un droit spécial auquel nul autre que lui ne peut prétendre.

L'idée est originale ; mais elle a bien du vrai. Ainsi j'ai constaté, maintes fois, par moi-même, que les enfants tiennent d'une façon surprenante à des charges bien plutôt assujétissantes et ennuyeuses qu'attrayantes en elles-mêmes, comme, par exemple, aller chercher le charbon pour bourrer le poêle, entretenir le feu, mouiller l'éponge qui sert à essuyer le tableau, ouvrir la porte quand on frappe, etc., etc...

Autant de privilèges, de domaines réservés,

où se complaît le *moi* égoïste et dominateur, qui est au fond de tout cœur humain.

Quand ces garçons-là seront grands, ils désireront le ruban rouge ou violet avec la même naïveté qu'ils recherchent aujourd'hui ces distinctions minuscules. Il ne faut pas oublier que les enfants sont de petits hommes, ou plutôt que les hommes sont de grands enfants. Les gouvernements qui ont méconnu cette vérité ont fini par l'apprendre à leurs dépens.

Un jour — j'étais alors tout jeune religieux — j'avais prié un vétéran de l'enseignement, qui protégeait mes débuts dans la carrière, de m'accorder la faveur d'assister à une de ses classes. Monsieur N., professeur de seconde, au collège de X, était un charmant homme, très distingué, très érudit, et amplement pourvu de diplômes universitaires. Il travaillait beaucoup pour ses élèves, se donnait un mal infini pour corriger leurs devoirs, apportait, en un mot, à tous les détails de ses fonctions, le soin le plus empressé.

Mon vénérable ami acquiesça bien volontiers à ma requête et me donna rendez-vous pour le lendemain matin. Je lui exprimai ma vive gratitude. J'étais libre justement, ce jour-là, et je me promettais bien de suivre la leçon depuis le commencement jusqu'à la fin. Pour un débutant n'était-ce pas une bonne aubaine?

Le lendemain, je n'eus garde de manquer au rendez-vous, et j'assistai au cours de Monsieur N.

Cette visite me laissa songeur. Etait-ce donc ainsi qu'il fallait enseigner? Les élèves s'ennuyaient, — cela sautait aux yeux du premier coup — ne travaillaient point, songeaient à tout, sauf à la classe. Ils étaient en train de devenir des cancres de la pire espèce.

Le marasme le plus affreux régnait sur les bancs, et le professeur ne s'en doutait point. Confiant dans sa science et la sûreté de son enseignement, il avançait toujours, calme et content, se croyant suivi, tandis que le troupeau, hélas! restait fort loin du berger.

Ce qui manquait au maître, ce n'était point la science, certes, ni même la bonne volonté. C'était la vie, l'entrain et surtout la connaissance de l'enfant, au moins cette psychologie naturelle et prime-sautière qui répond assez bien à ce que Pascal appelle l'*esprit fin*.

L'atmosphère de cette classe était comme saturée d'ennui. Le professeur parlait très savamment; mais tout ce qu'il disait passait par dessus la tête de son jeune auditoire. Rien dans

14.

les paroles, le geste et les allures du maître, n'était de nature à saisir les enfants, à exciter leur intérêt, à provoquer leurs questions. Il procédait par allusions et sous-entendus, prouvait une thèse par une citation d'Horace ou de Quintilien, s'arrêtant parfois, comme par acquit de conscience, pour demander : « Vous avez compris, n'est-ce pas? » Et il repartait de plus belle, au milieu d'un silence de mort.

Je regrettais, en l'écoutant, qu'il n'eût pas devant lui des hommes ayant atteint la trentaine, qui auraient sans doute apprécié très fort ses savantes démonstrations.

Hélas! son tort était justement de ne pas se rendre compte qu'il ne parlait pas pour son auditoire. Et pendant qu'il discourait, j'observais ces bons gros garçons de quatorze à seize ans. Les yeux tout grand ouverts, mais fixes et rêveurs, ils semblaient engourdis et comme pétrifiés. Et la voix du maître passait sur les bancs, rapide et pressée, sans éveiller d'écho dans les âmes, sans allumer la flamme dans ces yeux d'adolescents d'où une parole vibrante et chaude eût fait jaillir de si beaux éclairs. Et l'ennui écrasait, comme une masse de plomb, ces têtes rêveuses et tristes avant l'âge. Résultat final : immense somme de travail et de bonne volonté de la part du maître, et pour l'auditoire profit à peu près nul, parce qu'il n'y avait dans l'enseignement donné ni vie, ni variété, ni adaptation.

« Monsieur N. est très fort, me disais-je en sortant de sa classe — j'allais dire de sa *conférence* — mais, c'est égal, je tâcherai bien de pas enseigner comme lui. »

Je passais, l'an dernier, dans une ville du Centre, où je m'arrêtai quelques heures.

Un jeune religieux, que je connaissais depuis son enfance, enseignait la troisième au collège libre de cette localité. Voulant, disait-il, profiter de mes avis, il m'avait prié d'assister à une de ses classes. J'acceptai très volontiers « confus de cet excès d'honneur. »

Je n'oublierai jamais cette visite et le plaisir qu'elle me causa. Mon jeune ami n'était professeur que depuis un an. Son savoir était médiocre; car il était accablé d'ouvrage et n'avait guère eu encore le temps d'étudier. Il était très dévoué à sa besogne, sans doute, mais, mon Dieu, pas plus que le savant professeur dont je viens de vous parler, et certes, comme science acquise, il lui était bien inférieur. C'était, tout au plus, s'il avait son diplôme de bachelier, et je ne suis pas même sûr qu'il fût bachelier complet. Par exemple, il possédait, dans un degré éminent, la psychologie de l'écolier.

Il fallait voir comme il savait parler à ses élèves, se faire obéir, et surtout leur communiquer ses pensées, ses sentiments, ses ardeurs !

Sa parole, toujours simple et limpide, allait droit au but. On sentait qu'il savait à fond ce que c'est qu'une âme et un cœur d'adolescent, et qu'il était sûr d'avance que ce qu'il disait ne manquerait point d'arriver à son adresse.

Aussi rien d'intéressant, je vous assure, comme d'observer, pendant qu'il parlait, l'attitude des écoliers.

Le maître leur racontait la vie de Jeanne d'Arc, la délivrance d'Orléans, le sacre de Charles VII etc., etc. — C'est qu'avec les matières ordinaires de la classe il leur enseignait aussi les mathématiques et l'histoire. De nos jours, cela tient du prodige ; et pourtant, nous autres vieux, nous faisions tous la même chose, au temps jadis — mais je m'écarte de mon propos.

Quel intéressant spectacle offraient ces vingt-cinq ou trente garçons, assis bien en face de moi, et que j'observais tout à l'aise ! Je les voyais là, tout à leur affaire, l'oreille tendue, les yeux fixés sur le maître, non point dans un regard inconscient; non, des yeux vivants, bien ouverts. Je suivais ces lèvres mobiles, tantôt plissées par un fin sourire, tantôt serrées par l'indignation et la colère, tantôt brusquement fendues dans un rire bien franc, sur deux rangs de perles qui devaient, je pense, besogner joliment, au réfectoire.

De temps en temps mon jeune ami me regardait, à la dérobée, comme pour me dire : « Eh bien ! cher burgrave, êtes-vous satisfait? Y vont-ils de bon cœur, mes petits gâs ! et croient-ils pas que c'est arrivé ? »

« J'ai entendu le maître avec bien du plaisir, dis-je au bout d'une heure; je voudrais bien, à présent, entendre causer les élèves. »

Il faut vous dire que ma présence ne semblait pas gêner du tout ces enfants, bien qu'ils me vissent alors pour la première fois. Avec la perspicacité si vive de leur âge, ils avaient jugé, du premier coup d'œil, que j'aimais bien leur professeur — qu'eux-mêmes aimaient joliment, je vous en réponds — et que, par une conséquence naturelle, je devais leur porter, à eux aussi, quelque intérêt.

Je fus prié d'interroger. Je me récusai; je voulais voir à l'œuvre jusqu'au bout mon jeune confrère. Il commença... Ah ! mes amis ! Quel branle-bas ! Si vous aviez vu ces garçons, non pas debout, c'était défendu, mais à peine assis, le corps tendu, les yeux brillants de joie et d'entrain, le bras levé pour appeler, chacun à soi, l'interrogation du maître et la gloire d'une belle réponse.

Il y avait entre ces quatre murs une intensité de vie, de désirs, de mouvements contenus, d'enthousiasme et de passion généreuse... c'était, je vous assure, un spectacle charmant.

La cloche qui sonna mit fin à cette *fantasia* superbe ; mais ce n'était que pour donner un autre essor à l'activité de cette chère jeunesse ; car, en passant, quelques minutes plus tard, devant leur cour de récréation — c'était le même Père qui présidait au jeu, — je vis que la partie de balle marchait avec le même entrain que la classe de tout à l'heure. Ah ! je vous garantis qu'ils n'avaient pas le temps de dire de mauvaises paroles ! »

Le soir venu, je disais à mon jeune ami qui me reconduisait à la gare : « Remerciez Dieu, mon petit Frère, car il se sert de vous pour opérer un grand bien. »

Le lendemain matin, en rentrant à Paris, j'entendais crier par les camelots le discours du Président du Conseil, adjurant sa fidèle majorité de voter la loi sur les associations, destinée, dans la pensée de la franc-maçonnerie, à détruire en France l'enseignement chrétien.

Mon Dieu, pardonnez-leur, ils ne savent pas ce qu'ils font.

Adieu, mon cher Frédéric : je vous vois d'ici, de loin, hélas ! faisant votre classe avec l'entrain et le brio du jeune Père S. Votre bien dévoué en J.-C. — X. *s j.*

Paris, ce 20 avril 1902.

Mon cher Frédéric. — Vous vous plaignez de la queue de votre classe, qui est, dites-vous, bien lourde à traîner. Je conçois cet ennui, pour l'avoir éprouvé souvent, moi-même. Et vous ajoutez : « Les quatre derniers sont absolument nuls. Ils ne comprendront jamais rien. Ce sont des ânes bâtés. Il vaudrait certainement beaucoup mieux ne point leur faire continuer leurs études... »

J'ai souri un peu, pardonnez-moi, en retrouvant dans cet arrêt si décisif l'écho d'impressions intimes, qu'au début de ma carrière de professeur j'exprimais à peu près de la même façon.

Défiez-vous de ces jugements si prompts et si absolus : « Cet enfant ne fera jamais rien ; il est nul, bouché à l'émeri. On perd avec lui son temps et sa peine. Il ferait mieux d'apprendre un métier. »

C'est bientôt dit ; mais, vraiment, qu'en savez-vous ? Croyez-vous qu'il soit possible de prononcer un verdict infaillible sur l'avenir d'enfants aussi jeunes que les vôtres ?

J'ai vu beaucoup de petits prodiges, dont les progrès extraordinaires faisaient pleurer de tendresse maîtres et parents, tomber, dans leurs dernières années de collège, au niveau ou même au-dessous des médiocres, et faire ensuite dans le monde très modeste figure.

J'ai vu, au contraire, bien des enfants se développer contre toute attente, après être restés longtemps comme noués intellectuellement, et plus tard se tirer très bien d'affaire, même dans des carrières tout à fait libérales.

Gardez-vous surtout, quelle que soit votre persuasion, de *dire* aux enfants qu'ils sont inintelligents, qu'ils n'arriveront jamais. Un tel langage, soyez-en sûr, les découragerait complètement, et quatre-vingt-dix-neuf sur cent, je gage, jetteraient le manche après la cognée. Quoi d'étonnant? Avons-nous le droit d'attendre d'eux une vertu héroïque, de supposer qu'ils travailleront constamment sans aucun espoir de succès, par le seul motif de leur attachement au devoir? Vous en trouverez un sur mille, peut-être, à se guider par ce motif unique.

Une pareille méthode serait le plus sûr moyen de les enrôler dans l'armée des paresseux, et vous seriez bien avancé!

D'ailleurs, encore un coup, vous n'avez pas en mains les éléments d'un jugement sans appel.

J'ai connu des enfants de treize, quatorze, quinze ans, qui semblaient si dénués du côté de l'intelligence qu'ils faisaient le désespoir de leurs parents et lassaient la patience de tous leurs maîtres. Et voici qu'avec le temps on les voyait se débarrasser peu à peu des langes spirituels qui les avaient comme emprisonnés, et donner enfin des signes manifestes d'intelligence, de sentiment et de goût. L'âme avait été, jusque-là, comme assoupie dans son enveloppe matérielle où s'opérait une transformation peu propre, sans doute, à l'épanouissement d'une vie supérieure, et, un beau jour, après une attente bien longue parfois, on voyait l'arbrisseau tardif se couvrir d'une frondaison d'autant plus charmante qu'elle était moins attendue.

Qu'auriez-vous gagné à détourner ces enfants de l'étude des lettres, à les priver de cette puissante formation intellectuelle et morale, si bien faite pour élever les âmes en les mettant en contact intime avec le beau et le bien?

Les sauvages de la côte de Guinée prétendent, dit-on, que les singes sont des hommes plus rusés que les autres. S'ils ne parlent pas, c'est, assurent-ils, qu'ils veulent être pris pour des bêtes, afin qu'on n'ait pas l'idée de les réduire en esclavage et de les contraindre à travailler.

Il y a des enfants, c'est très certain, qui imitent les singes de Guinée, et qui *font la bête* pour persuader à leurs parents et au professeur qu'ils sont incapables d'étudier. Quand on a deviné leur jeu, ce n'est pas d'encouragement qu'il s'agit, bien entendu ; c'est par la rigueur qu'il faut procéder contre ces petits singes, jusqu'à ce qu'ils aient accepté, bon gré, mal gré, la loi du travail.

D'autres, à force d'avoir entendu répéter qu'ils étaient dénués de moyens, ont fini par le croire de bonne foi. Il est clair qu'on ne peut attendre de ces enfants aucun effort sérieux et constant. Voilà ceux que le maître doit encourager. Il faut leur persuader *qu'ils peuvent réussir*. Pour les en convaincre, donnez-leur d'abord de petits travaux très faciles, trop faciles même, et félicitez-les chaleureusement, à la moindre marque d'application. Peu à peu vous augmenterez la difficulté de la tâche, mais tout doucement, de façon que l'enfant soit toujours au-dessus de sa besogne. « Vous voyez, lui direz-vous, d'un ton convaincu, que vous pouvez bien faire, très bien faire. Ce dernier devoir était plus difficile que les précédents, et cependant vous avez réussi. Bravo ! Bravo ! vous arriverez ! »

Croyez-moi, ce langage produira, presque toujours, un très grand effet. Je vois d'ici ce pauvre gamin baisser les yeux modestement, en recevant vos éloges, tandis que ses joues se colorent d'une vive rougeur.

Il avait tant souffert de se croire nul et impuissant ! Et voici qu'il se sent pousser des ailes, qu'il se sent capable de bien faire ! Son professeur, *qui est si savant*, le lui a dit ! Oh !

comme il va travailler maintenant pour rattraper ses camarades !

Et voici notre petit bonhomme qui se met à l'œuvre avec une magnifique ardeur, soutenu par le maître qui ne le perd pas de vue et ne lui ménage pas les encouragements. « Allons! très bien ! cela va maintenant... Voyons! je je vous donnerais bien à présent quelque chose de très difficile... mais j'ai peur que ce ne soit trop fort pour vous ? —Oh! si, Père, donnez ! » Telle sera la réponse, neuf fois sur dix.

Voyez-vous comme il est parti, comme il est changé, transformé par la pensée que le succès est possible pour lui aussi ?

Virgile, au Ve chant de l'Enéide, dans la description des jeux, nous montre des rameurs, distancés par leurs concurrents, et perdant, avec l'espoir de vaincre, le courage et l'énergie. Et puis, un hasard de la course ayant retardé leurs rivaux, ils entrevoient encore la possibilité du succès, et les voilà, secoués d'un frisson d'enthousiasme, qui reprennent les rames et fendent les flots avec une merveilleuse ardeur. *Possunt, quia posse videntur !* Le succès leur est possible, parce qu'ils le croient possible.

Il en est de même de nos écoliers. Oh ! qu'un

encouragement — pas de flatterie! la flatterie ne vaut jamais rien — qu'un encouragement donné à propos a de puissance sur leur volonté pour les lancer dans la bonne voie! Ceci est vrai en toutes choses, même dans la vie spirituelle. Ne l'oubliez pas.

On rencontre parfois des enfants très bien doués et suffisamment laborieux, qui, pourtant, ne donnent pas ce qu'on en pourrait attendre, parce que la timidité les paralyse au point qu'on serait tenté de les prendre, au premier coup d'œil, pour des paresseux ou des incapables. C'est surtout quand le temps est venu pour eux des premiers essais littéraires, vers cet âge critique où l'adolescent devient jeune homme, qu'ils éprouvent cette pudeur d'un genre particulier qui indique, d'ordinaire, une âme sensible et délicate. Ils ont alors la plus grande peine à sortir d'eux-mêmes, à se livrer, leur semble-t-il, par la peinture d'objets étrangers, tant ils se sont naïvement identifiés avec leur sujet! Sans doute ils traduisent assez maladroitement, d'ordinaire, les impressions de leur cœur et de leurs yeux. C'est que leur langue est très pauvre encore, et leur goût bien peu formé. A cet âge, on a rarement le sens de la mesure. Aussi, quelle différence entre ce qu'ils éprouvent et ce qu'ils disent ! Mais, au milieu des gaucheries de l'expression, un maître observateur a bientôt deviné la richesse du fonds, la vivacité du sentiment, la vigueur naissante de la forme.

Gardez-vous bien de railler vous-même leurs timides essais ou de les laisser railler par leurs camarades !

Certains enfants doivent se faire une véritable violence pour lire publiquement leurs devoirs de style, s'ils y ont naïvement exprimé leurs impressions intimes. Vous en trouverez même, qui, sous l'empire d'une excessive timidité, aimeront mieux donner un travail absolument terne et banal que d'ouvrir, en se livrant, la porte du cœur.

Il faut encourager, encourager beaucoup ces enfants-là et glisser très légèrement sur les maladresses et les inexpériences de leurs compositions.

Montrez que vous comprenez la valeur de leur travail, et ensuite indiquez doucement, sans jamais railler, les fautes de goût qu'ils ont commises. Vous pourrez quelquefois, pour mettre un enfant plus à l'aise et vous rendre mieux compte de ce qu'il est capable de donner, lui promettre, en particulier, que vous lirez *seul* son devoir et qu'aucun de ses camarades n'en aura connaissance.

La plupart des garçons n'ont pas besoin certainement d'être ménagés ainsi ; le sexe fort est, d'ordinaire, moins sentimental. Mais il y a, sachez-le bien, des natures extrêmement sensibles qu'il faut savoir deviner et conduire avec une grande souplesse de main.

Il en est parmi elles de très riches, et ce serait grand dommage d'arrêter leur épanouissement.

Allons, adieu ! C'est dimanche prochain que les élections vont se faire par toute la France. Je m'attends aux pires calamités. Que le bon Dieu ait pitié de nous ! Votre vieil ami — X. *s j*.

Paris, 27 avril 1902.

Mon cher Frédéric, vous m'énumérez dans votre dernière lettre tout ce que vous avez vu avec vos élèves depuis le commencement de l'année. Vous en êtes fier, un brin, n'est-ce pas? et vous vous attendez à recevoir des compliments? Eh bien! vous n'en aurez pas... et je serais plutôt tenté de vous accuser, non point, certes, d'un manque de zèle, mais, tout au contraire, d'un excès de bonne volonté.

C'est trop, mon cher enfant, beaucoup trop. Vous imaginez-vous, par hasard, que vos bonshommes vous aient suivi utilement pendant cette course au clocher? Je me figure que ce devait être dans ces petites cervelles un fameux méli-mélo!

Soyez simple, mon cher ami, *très simple*; allez pas à pas; suivez les sentiers battus et ne cédez pas à la tentation de sauter par dessus les haies. Oh! ces licenciés... qui se figurent toujours, au début de la carrière, qu'ils feront avaler à leurs élèves tout ce qu'ils ont eux-mêmes appris, et que ces bons enfants vont s'accommoder des méthodes savantes à la mode du jour!

Dieu vous préserve de cette erreur! Pour deux ou trois qui recueilleront quelque fruit de votre enseignement, tout le reste de la classe serait en souffrance.

Quand vous aurez un peu pratiqué les écoliers, vous verrez qu'il faut leur donner des choses toutes simples et user de méthodes très simples aussi. Leur intelligence est encore bien peu développée. Il faut l'exercer, c'est clair; mais n'oubliez pas que la mémoire, qui, chez la plupart, est excellente, est leur meilleur instrument. Gardez-vous donc de la négliger.

Je ne veux point dire, remarquez-le bien, qu'on doive élever les enfants comme des perroquets et cultiver lenr mémoire au détriment de leur intelligence, défaut que Montaigne reprochait si justement aux éducateurs de son temps. Tâchez d'expliquer les choses à vos élèves le plus clairement possible; mais il ne suffit pas qu'ils comprennent, il faut aussi qu'ils *retiennent par cœur*. Et leur mémoire, si souple et si prompte, meublera leur esprit d'une foule de connaissances, très utiles dès à présent, et qui leur serviront encore davantage, quand la raison aura atteint chez eux son plein développement.

Gardez-vous donc d'imiter certains jeunes professeurs, qui, sous prétexte de donner à leurs élèves un enseignement plus rationnel, n'exigent point qu'ils sachent, de mémoire, les règles de grammaire, et se bornent à constater qu'ils les ont comprises. Cette méthode, qui peut convenir à des esprits déjà formés, ne vaut rien pour les enfants, qui n'appliquent, d'ordinaire,

— l'expérience vous le dira — que les règles apprises mot à mot et sues par cœur.

Ne croyez pas, mon cher ami, que l'ensemble d'une classe comprenne, du premier coup, une explication du maître, je dis même une explication facile.

Un jeune professeur vient d'exposer une règle de grammaire, un théorème de géométrie, une question historique à ses élèves. C'est, supposons-le, pour la première ou la seconde fois qu'on en parle en classe. La démonstration finie, il regarde l'auditoire : « Vous avez compris, je suppose ? — Et les enfants d'incliner la tête, comme les roseaux sous la brise, en disant à demi-voix : « Oui, Père, ou oui, Monsieur. » — Quelqu'un a-t-il encore une difficulté ? Faut-il que je répète ? — Presque toujours personne ne répond. — Alors, c'est compris ? » reprend le maître, qui se sait bon gré d'avoir si clairement expliqué les choses. Et il passe outre, radieux, doublant le pas et brûlant les étapes.

Arrêtez-vous donc un peu, et prenez le temps de respirer.

Adressez une question à ce petit bonhomme qui vous a fait signe si gentiment, tout à l'heure, qu'il avait compris. Hélas ! vous constatez qu'il ne sait seulement pas ce dont il s'agit. Interrogez-en un autre, puis un troisième, un quatrième. Tous comprenaient, il n'y a qu'un instant. Mais, du moment que vous les interrogez, leur belle assurance s'évanouit. Ils feignaient d'avoir saisi : les uns, pour éviter d'entendre une nouvelle explication, probablement moins intéressante pour eux que pour vous ; d'autres, pour ne pas paraître plus bêtes que leurs camarades... Trois ou quatre, peut-être, avaient vraiment entendu ce que vous disiez.

Persuadez-vous donc qu'une explication tant soit peu difficile ne peut pas être entrée, du premier coup, dans l'esprit du plus grand nombre, et que les enfants n'y verront clair qu'à la troisième ou à la quatrième reprise... et encore !

Ne craignez pas, par conséquent, de revenir souvent sur les matières déjà vues, sur les principes surtout, qui doivent être compris et sus imperturbablement. C'est la base essentielle de l'édifice. Les enfants ont de vraies têtes de linotte. Vous ne pouvez vous imaginer à quel point ils sont étourdis et inattentifs, même sans qu'il y ait faute de leur part. C'est qu'à cet âge l'imagination est d'une extrême mobilité. De là, obligation pour le professeur de revenir souvent sur ses pas, de reprendre ses explications par manière d'interrogations, de concertations entre élèves, de résumés, de revues hebdomadaires ou mensuelles, tout en variant ses procédés le plus possible, pour ne pas engendrer l'ennui.

Croyez bien, Frédéric, que la formation sérieuse d'une classe de grammaire est à ce prix, et que les maîtres qui ont voulu s'affranchir de ces règles si sages ont perdu leur temps et compromis, dans une certaine mesure, l'avenir des enfants qui leur étaient confiés. Eh! sans doute, deux ou trois élèves intelligents vous suivraient; mais les autres, mais l'ensemble restera loin derrière vous. Il faut régler sa marche sur la moyenne de la classe et non sur les premiers; sans quoi vous constaterez bientôt, entre la tête et la queue, un trou énorme qu'il sera toujours impossible de combler tout à fait.

5 heures du soir. — Vous verrez, l'an prochain, en rhétorique, combien certains enfants sont en retard, quelles lacunes importantes il y a dans leur cerveau, et vous vous morfondrez dans l'impuissance de donner un enseignement qui convienne à tous. Ce triste résultat est sans doute le fruit de la négligence, de la paresse des élèves; mais l'inexpérience de tel

ou tel professeur des classes inférieures n'y est pas toujours étrangère.

Vous ne pouvez vous figurer à quel point l'esprit des écoliers — au moins de la grande majorité — est inattentif et volage, et perd facilement de vue l'objet où vous croyez qu'ils sont appliqués.

Vous expliquez un théorème de géométrie.

Vous avez bien posé l'hypothèse et indiqué nettement ce qu'il faut démontrer : il n'y a pas d'erreur possible. Vous a-t-il pris quelquefois fantaisie, arrivé au milieu de votre discussion, de vous arrêter un instant pour constater où en sont vos gamins? — A quoi bon, direz-vous? on ne scinde pas une démonstration en deux. C'est l'ensemble du raisonnement qu'il faut saisir.

D'accord ; je veux seulement vous convaincre qu'il ne faut pas aller vite et qu'il est important de répéter fréquemment des choses qui vous paraissent, *à vous*, très simples, mais qui le sont beaucoup moins pour votre auditoire.

Vous démontrez donc un théorème. Supposons que c'est pour la première fois. Au milieu du raisonnement arrêtez-vous, et interrogez un élève de force moyenne. « Un tel, que voulons-nous prouver?. »

L'enfant répond, d'ordinaire, immédiatement. Il est rare que les garçons de cet âge ne disent pas quelque chose, même quand ils ne voient absolument rien. S'ils se taisaient, ils constateraient, eux-mêmes, leur ignorance, tandis qu'en faisant une réponse quelconque, ils espèrent vaguement qu'ils tomberont juste, alors même qu'ils ne comprennent rien. Il faut dire, à leur décharge, que cela arrive quelquefois, parce que trop souvent ils récitent comme des perroquets sans se rendre compte de ce qu'ils disent. C'est une chance, bien petite sans doute; mais l'enfant n'y renonce pas facilement.

Vous constatez bien vite que le petit homme ne sait pas du tout ce qu'il s'agit de démontrer.

— « Un tel, que suppose-t-on? quelle est la donnée? » — Même résultat. Interrogez encore celui-là, qui secoue la main avec frénésie pour attirer sur lui votre attention. Il brûle de parler; il en est malade! Vous clignez des yeux de son côté. La réponse est prompte comme la pensée; mais c'est la conclusion qu'il vocifère, au lieu de l'hypothèse demandée.

Je vous engage à montrer à l'écolier sa méprise; car, si vous ne dites rien, il est bien probable qu'il s'imaginera avoir très bien répondu.

« C'est décourageant! direz-vous. — Décourageant? Allons donc! vous en verrez bien d'autres! »

Croyez-moi : allongez le ruban de votre patience; un professeur n'en a jamais trop.

Dites-vous bien, mon bon ami, que s'il s'agit d'une première démonstration, une bonne moitié de votre classe en est là. C'est vexant, peut-être; mais il est bon de le savoir.

Allons plus loin. Vous voulez prouver que la ligne AB est plus longue que la ligne AC. Retournez-vous vers l'auditoire, et demandez de quelle ligne vous parlez en ce moment. Je vous parie qu'un bon nombre ne sauront pas vous le dire.

Remarquez bien que je ne prends point pour exemple des élèves particulièrement bornés. Je les prends *moyens*. Eh bien! je sais par expérience — pour avoir enseigné vingt ans — qu'il faut, à mainte reprise, les appliquer sur un même objet pour que l'impression soit durable dans leur cerveau.

Les définitions du début sont importantes entre toutes. Revenez souvent sur vos pas pour vous assurer que vos élèves savent ce que c'est qu'un angle droit, un angle aigu ou obtus, une ligne droite, une circonférence, — vous les verrez confondre souvent, au moins dans l'expression, cette figure avec le cercle —. S'ils ne se rendent pas un compte exact de la valeur de ces termes, vous constaterez bientôt des méprises incroyables, dont on n'a pas l'idée quand on n'a pas été professeur.

Je me souviens qu'un excellent garçon d'une quinzaine d'années me contait le désespoir où le jetaient ses classes de géométrie. Impossible de comprendre un traître mot de ce que disait le professeur.

Le malheureux gamin faisait pourtant de sérieux efforts. Il allait jusqu'à apprendre par cœur ses théorèmes, je dis les lettres mêmes employées par l'auteur pour désigner les lignes et les points. Il arrivait quelquefois, par un prodige de mémoire, jusqu'au bout d'une démonstration, mais sans saisir absolument rien de ce qu'il disait lui-même.

Le garçon, pourtant, n'était pas plus bête qu'un autre.

On finit par aller au fond des choses, et l'on découvrit que tout venait d'une définition mal comprise au début. Il s'était imaginé que les angles aigus sont ceux qui — je reproduis son expression — sont ouverts *par en bas*, (dans la figure du livre ou du tableau), tandis que les angles obtus sont ouverts *par en haut*. C'était l'image qui s'offrait toujours à son esprit, quand le professeur désignait tel ou tel angle. On comprend assez que dans ces conditions le raisonnement ne pût aboutir que par hasard.

Appliquez aux leçons de grammaire ce que nous venons de dire à propos des mathématiques élémentaires. Revenez souvent sur les conjugaisons, les déclinaisons grecques ou latines, sur les règles les plus simples et les plus usuelles de la syntaxe. N'allez pas croire que vos élèves sachent tout cela. Interrogez-les, et vous verrez s'effeuiller encore cette naïve illusion. Et pourtant, s'ils ne savent pas très bien leurs éléments, vous bâtirez sur un terrain détestable; vous ne ferez — passez-moi l'expression triviale — que de la bouillie pour les chats.

J'ai connu de jeunes professeurs qui caracolaient fièrement, devant leur auditoire abasourdi, sur les modes *irréels* ou *potentiels*, ou sur des questions de grammaires comparées, tandis que leurs moutards étaient incapables de réciter sans faute le vieux subjonctif de nos grands-pères, et confondaient, sans sourciller, les participes en *rus* avec ceux en *dus*.

Quelle belle besogne c'était là !... Mystère et jeunesse !

Le *ratio studiorum*, de la Compagnie de Jésus, prescrit aux régents des collèges de repasser, pendant le mois qui suit la rentrée, les matières de l'année précédente ; règle bien sage, qu'il faudrait écrire en lettres d'or sur les murs de chaque classe, bien en face de la chaire du professeur. Les études y gagneraient beaucoup, je vous assure, pourvu toutefois qu'on tâchât d'observer l'affiche, un peu plus fidèlement qu'on ne met en pratique la devise sacrée que les maîtres du jour ont gravée sur tous les murs : *Liberté, Egalité, Fraternité.*

Mais voici que je m'engage sur un terrain glissant où je vais compromettre la sûreté de la République.

Revenons à nos moutons.

Je vous disais donc, Frédéric, qu'il était à propos de revoir rapidement, au début de l'année scolaire, les matières de la classe précédente. Malheureusement nous sommes dans un siècle de vapeur et d'électricité où l'on veut aller vite et loin, en très peu de temps. C'est encore plus difficile, en matière d'éducation, que de faire « bonne chère avec peu d'argent. » La nature humaine n'a pas changé depuis 1789. Les enfants sont toujours des enfants, et ce n'est qu'au moyen de patientes répétitions et en usant d'une sage lenteur qu'on grave les connaissances dans leur esprit d'une façon durable. J'ai beaucoup insisté sur ce point, parce qu'il est capital.

Six heures. — Adieu !... On dépouille maintenant le scrutin dans toute la France. Quelle bouillabaisse va sortir de là ! X. *sj*.

Le Père X. à Frédéric B.

Paris, ce 4 mai 1902.

Je crois, mon cher Frédéric, que vous mâchez trop la besogne à vos élèves.

Vous voulez tout leur dire, tout leur expliquer, et vous vous industriez pour leur aplanir d'avance toutes les difficultés qu'ils rencontreront. C'est l'indice d'un grand zèle, assurément, et d'un vif désir de faire profiter votre classe...

Mais croyez-vous vraiment que ce soit là le bon système ?

Je suis, quant à moi, convaincu du contraire, et voici pourquoi.

Vos enfants ne travaillent point assez par eux-mêmes. Vous ne leur donnez presque jamais l'occasion d'exercer l'initiative et l'activité de leur esprit. A ce compte-là, cher ami, vous ne les rendrez point *débrouillards*, parce que — remarquez-le bien — si la mémoire se développe, l'intelligence s'engourdit.

Ils n'ont qu'à ouvrir le bec pour recevoir des alouettes, admirablement rôties, sans doute ; je veux dire qu'ils se contentent d'écouter, avec beaucoup plus de plaisir que de peine, ce que leur professeur leur dit si bien. Mais, de ce train-là, Frédéric, ils ne sauront jamais travailler sérieusement, c'est-à-dire étudier une question dans son ensemble et dans ses détails, creuser un texte difficile, remettre, dix et vingt fois, sur l'enclume, une traduction faible. Voilà ce que j'appelle travailler avec fruit ; car, par cet exercice, laborieux, j'en conviens, mais indispensable pour qui veut faire des progrès sérieux, l'intelligence se fortifie, le jugement se forme, le goût s'affine, l'énergie se développe.

Vous, mon cher Frédéric, vous vous donnez

trop de mal pour vos élèves, et c'est la raison pour laquelle ils s'en donnent si peu. Apprenez-leur donc à travailler *par eux-mêmes*, et vous leur aurez rendu le meilleur service.

Si l'initiative manque, de nos jours, à beaucoup de jeunes gens, c'est peut-être qu'au collège on ne les a guère habitués qu'à écouter pour répéter, au lieu d'exiger d'eux un effort personnel[1].

Je ne prétends point avoir raison ; mais c'est ma conviction bien sincère. Prenez mon avis pour ce qu'il vaut.

Si vous admettez ce que je viens de dire, vous donnerez tous vos soins, sans doute, à la *prélection*, c'est-à-dire à l'explication raisonnée, que vous ferez, vous-même, en classe, d'un texte grec, latin ou français. Vous vous attacherez à mettre en lumière la pensée de l'auteur, à faire apprécier la richesse du fond et les qualités de la forme ; vous signalerez, en passant, les faits historiques ou mythologiques, les étymologies, les tours oratoires ou poétiques, les questions littéraires ou grammaticales qui peuvent se rattacher au passage que vous étu-

1. On pourrait indiquer certainement d'autres causes plus déterminantes, de l'affaissement des caractères et des volontés.

diez. En un mot, vous approfondirez la matière, et vous exigerez que vos élèves vous en rendent ensuite un compte exact.

Tout cela est excellent... mais ce travail, en quelque sorte *passif*, ne suffit pas. Il faut habituer aussi les enfants à trouver, par eux-mêmes, au prix de longs et patients efforts, ce que leur professeur pourrait leur dire en quelques minutes. Ne croyez pas que ce temps, employé à triompher péniblement des difficultés qu'ils rencontrent, soit pour eux du temps perdu. C'est, au contraire, l'instant fécond de la formation intellectuelle. L'enfant apprend alors à travailler par l'effort personnel qu'il produit, comme l'aiglon s'exerce à voler en battant des ailes.

Vernique, jam nimbis remotis,
Insolitos docuere nisus
Venti paventem...

Je ne suis pas fanatique d'Horace; mais j'aime assez ce petit tableau, un peu moins pourtant que celui-ci — vous le connaissez, je pense?

Lorsque le jeune aiglon, voyant partir sa mère,
En la suivant des yeux s'avance au bord du nid,
Qui lui dit donc alors qu'il peut quitter la terre

Et sauter dans le ciel déployé devant lui ?
Qui donc lui parle bas, l'encourage et l'appelle ?
Il n'a jamais ouvert sa serre ni son aile ;
Il sait qu'il est aiglon. Le vent passe... Il le suit.

C'est chose excellente que la théorie ; mais rien ne vaut la pratique.

Le *Ratio studiorum* le suppose bien. Il recommande aux professeurs de ne pas se contenter de la *prélection*, mais d'habituer les écoliers à expliquer un auteur, à livre ouvert, afin d'exercer leur initiative et leur sagacité en même temps que leur mémoire.

Dans le même ordre d'idées je vous conseillerai, quand vous donnez, pour devoir, une narration — vos gamins de troisième doivent en composer déjà — je vous conseillerai, dis-je, de ne pas expliquer par le menu tous les développements que le sujet comporte. Faites-le, deux ou trois fois, au début, pour que les élèves aient quelque idée de ce genre de devoir ; mais quand ils sauront un peu ce qu'on leur demande, jetez-les, tout de bon, à l'eau. Indiquez-leur seulement le sujet, et laissez-les s'en tirer, même en pataugeant.

Ils rechigneront d'abord, je vous en avertis. Ils tacheront leurs doigts d'encre, un peu plus que d'habitude, et vous fixeront, d'un air ahuri, comme ces gentils petits veaux, qui regardent, de leurs gros yeux rêveurs, passer un train de chemin de fer.

Ils répéteront sans fin, d'un ton dépité : « Père — ou Monsieur — *je ne sais pas quoi mettre !* » Mais ils finiront, tout de même, par se décider. Ils feront d'abord très mal, puis moins mal, puis mieux... puis bien. Et ce travail-là leur sera vraiment utile.

Puisque nous sommes sur le chapitre des compositions littéraires, je vous répéterai ce que je vous ai déjà dit dans une de mes dernières lettres. N'allez pas couper les ailes à vos oisillons en les accablant de remarques, de moqueries, surtout, sur les fautes de goût qu'ils feront. Laissez-les voler, quelque temps, à leur fantaisie, quitte à les voir faire quelques culbutes, ou — si vous aimez mieux une autre image — laissez cette sève printanière pousser à plein bois, et ne songez pas sitôt à émonder ces jeunes branches. Secondez, au contraire, leur développement par quelques éloges donnés à propos et des conseils toujours bienveillants. Dirigez leur essor, mais d'une main extrêmement souple, et qui ne les brusque jamais. Le temps viendra d'élaguer, de tailler, de discipliner ces pousses capricieuses. Mais c'est encore l'heure du printemps; laissez les arbrisseaux verdir,

> Et se faire un chapeau de feuilles
> Pour se garantir du soleil.

Adieu, cher enfant; je vous laisse sur ces jolis vers de la *Chanson de Mars*. Que Théophile Gautier me pardonne d'avoir légèrement modifié le premier. X. *s j*.

Paris, ce 11 mai 1902.

Je vous engage vivement, mon cher Frédéric, à ne point charger vos écoliers de si longues leçons. Par exemple, exigez qu'elles soient sues imperturbablement.

Même remarque pour les devoirs. Donnez plutôt peu que beaucoup; mais ne soyez pas trop facile à contenter. Sachez bien qu'il y a des élèves qui expédient leur tâche en vingt minutes et qui passent tout le reste de l'étude à lire ou à s'amuser.

Faites-vous montrer le *brouillon*, et défiez-vous des ruses de la gent écolière.

Soyez sûr que si vous n'y tenez pas énergiquement la main, vos garçons, pour la plupart, confectionneront d'abord leur copie. Alors, dans leur appréciation, le devoir est fini, et tout effort de leur part — si tant est qu'ils en aient fait, — cesse immédiatement. Toutefois, pour le cas où le professeur aurait la malencontreuse idée de visiter les *brouillons*, il faut aviser.

L'enfant prend alors son cahier, et, l'œil fixé sur sa copie, fait avec une vitesse vertigineuse une seconde édition de la version ou du thème qu'il vient d'achever. Après quoi, il efface, çà et là, quelques mots, d'un trait vigoureux, en écrit cinq ou six, en marge ou par dessus les ratures, et jette perfidement, sur le tout, trois ou quatre pâtés d'encre... Et voilà comment se confectionne un brouillon. Le maître peut venir à présent : tout est en règle.

Y a-t-il un remède au mal ? Je vous avoue que je n'en connais point d'infaillible. Quand les enfants n'ont pas l'amour du travail, — le cas n'est pas chimérique — ils trouveront toujours un *truc*, comme ils disent, pour éviter ce qui les ennuie.

Le seul moyen pratique, à mon sens, serait

que le surveillant d'étude ne se bornât point à exiger le silence et l'ordre matériel, et voulût bien s'intéresser aussi au travail des élèves. Il serait déclaré solennellement qu'on doit faire d'abord le devoir sur brouillon, et qu'il n'est permis à personne de commencer la copie avant le signal convenu. Seulement il faut que le surveillant se résigne à *surveiller* et à ne point faire autre chose. Il est clair que s'il se laisse absorber par des occupations personnelles, il ne se rendra nullement compte du travail des enfants.

Et cet inconvénient-là est certainement le moindre. Il faut qu'on sache qu'il peut se passer de bien tristes choses dans une étude mal surveillée.

A dimanche, mon cher fils. — X. *sj.*

P. S. Pendant que j'y songe... empêchez donc vos élèves de prendre la déplorable habitude de perdre de vue le texte qu'ils expliquent, pour se tourner vers le professeur.

Dès qu'ils ont prononcé un mot, vous les voyez lever la tête pour lire dans vos yeux s'ils ont bien ou mal dit.

Quand ils ont fait une faute — ce qui n'est pas si rare — comment pourraient-ils se reconnaître et se débrouiller, n'ayant plus le texte présent?

Si l'on ne corrige pas ce défaut de bonne heure il est très difficile de l'extirper. Les explications en souffrent beaucoup. J'ai eu des élèves refusés, au baccalauréat, pour avoir lâché d'énormes sottises dans l'explication des auteurs grecs ou latins, ce qui ne leur serait certainement pas arrivé, s'ils avaient regardé leur texte.

Paris, ce 18 mai 1902.
Saint jour de la Pentecôte.

Je vous disais, ces temps derniers, mon cher enfant, qu'il fallait vous montrer exigeant pour les leçons. Défiez-vous des *trucs* des élèves. Il y a des écoliers extrêmement ingénieux dans l'art de savoir ce qu'ils n'ont point appris. Ils excellent d'ailleurs à prendre un air ingénu bien fait pour dérouter tout soupçon. Tâchez de n'être pas refait. *Nimium ne crede colori*.. et arrangez-vous de manière à rendre la fraude impossible.

Feu le Père de Gabriac, qui fut longtemps professeur de rhétorique, à Vannes, — devant Dieu soit son âme — me racontait jadis que ses élèves l'avaient roulé, pendant quinze jours, de la plus jolie façon, en lisant, sous ses yeux, leurs leçons de mémoire, sans qu'il s'en doutât le moins du monde.

Voici comment ils s'y prenaient.

Le Père, qui s'était donné une entorse en jouant avec ses écoliers, fit sa classe, durant deux semaines, à moitié couché sur une chaise longue qu'on avait établie derrière le bureau. Il voyait parfaitement ses jeunes rhétoriciens, assis en face de lui, à leurs places ordinaires; mais l'espace compris entre le premier banc et la chaire lui échappait.

« Pendant les quinze jours que je fis la classe dans cette position, me disait-il, j'étais émerveillé de la manière dont les leçons de mémoire étaient sues par tous les élèves sans exception. Pas la plus petite faute, la plus légère hésitation!...

« Les braves garçons! me disais-je; ils veulent me montrer leur bonne volonté pour me consoler de l'accident dont j'ai été victime...

Sont-ils bons, ces enfants-là! — J'étais vraiment ému.

« Figurez-vous que je découvris, tout à la fin de la quinzaine, je ne sais plus par quel hasard, que mes drôles — cet âge est sans pitié — s'arrangeaient pour coller sur le bureau, dès le commencement de la classe, la page du livre où se trouvait la leçon du jour. A seize ans, on a de bons yeux. Et d'ailleurs ils venaient, à tour de rôle, au pied de la chaire, pour réciter.

« Cette constatation, ajoutait l'excellent Père, diminua un peu l'idée que je m'étais faite des bonnes dispositions de mes écoliers. »

Voilà l'enfant, mon cher Frédéric... Ne vous y fiez jamais qu'à demi!

Il me semble que je ne vous ai point encore parlé de la version latine, l'exercice, à mon sens, le plus important.

C'est une admirable gymnastique intellectuelle, si elle est faite sérieusement, et non point comme une corvée insipide qu'on bâcle au plus vite pour s'en débarrasser.

Bien saisir le sens de l'auteur, jusqu'aux nuances les plus délicates; non-seulement le saisir, mais le rendre avec une parfaite exactitude, en conservant, autant que faire se peut, le tour de la phrase, le relief de l'idée, la chaleur du sentiment; le ton, la couleur, et ces vives images où s'incarne la pensée; et cependant rester français, bien français, c'est-à-dire faire passer la construction savante, les tours énergiques et concis, la puissante synthèse de la période latine, sans lui rien ôter de sa vigueur, dans notre langue simple et limpide où tout est vie et lumière... Ce n'est point, à coup sûr, sans un énergique et patient labeur qu'on vient à bout d'une pareille tâche.

Mais que cet effort est fécond!

Soyez bien persuadé, mon cher Frédéric, que l'exercice de la version latine est le moyen le plus excellent d'acquérir une connaissance parfaite des tours si vivants et si variés du français, dont la belle et claire énergie s'impose aux peuples les plus jaloux de notre génie national.

Mais, encore un coup, pour que le travail soit fructueux, il doit être intelligent.

Or, que font, la plupart du temps, les écoliers, au moins ceux des classes inférieures?

Vous leur avez donné, pour ce soir, une version... Entrons, si vous voulez, dans l'étude, le plus doucement possible, en marchant sur la pointe du pied. — Il faut bien peu de chose, pour émouvoir cette chère jeunesse. — Nous y sommes : maintenant, regardons-les travailler.

Voici nos garçons qui commencent par diviser leur copie ou leur brouillon — quand ils en font un — en quatre colonnes verticales. Dans la première, à gauche, ils écrivent, de haut en bas, un certain nombre de mots latins, suivant un ordre légèrement approximatif.

Quand cette colonne est remplie, ils mettent sur la seconde, en regard de chaque mot du texte, la première expression française trouvée dans le dictionnaire, et ainsi de suite jusqu'à la fin du devoir.

Cette opération terminée, nos écoliers poussent d'abord un soupir de soulagement; car ils ont conscience que le plus fort est déjà fait. Puis ils se hâtent de reprendre la plume et de tracer une grosse barre horizontale sous les colonnes laborieusement remplies tout à l'heure.

Il s'agit maintenant de traduire le texte autrement qu'en mot à mot. Œuvre bien délicate, nous le disions à l'instant.

Eh bien ! vous allez voir que la difficulté du travail n'est pas pour arrêter longtemps nos petits garçons.

Penchez-vous sur l'épaule de ce gentil moutard qui croque, en tapinois, quelque sucrerie.

— Il est juste que le corps ne demeure pas sans nourriture, tandis que l'âme a la sienne — Vous souriez? C'est que, sous le trait horizontal qu'il a tracé tout à l'heure, il vient d'écrire, en grosses lettres, ces mots, d'une naïve audace : *Bon français.*

Ce *bon* français, qui coûte si cher aux écrivains parvenus à la maturité de l'âge ! Et qui d'entre eux, même parmi les plus grands, ose se flatter de l'avoir trouvé ?

Mais le bon français de nos écoliers consiste tout simplement à écrire horizontalement sur leur copie ce qu'ils ont mis tout à l'heure dans la colonne verticale. Vous voyez : ce n'est pas plus difficile !

Et c'est ainsi, mon cher Frédéric, que se sont faits, se font et se feront longtemps encore les trois quarts et demi des versions latines en mot à mot et en *bon français.*

Forcez, autant que vous le pourrez, vos élèves à faire la construction du texte avant de commencer le mot à mot, c'est-à-dire à disposer logiquement, dans l'ordre correspondant au développement de la pensée française, les éléments de la phrase latine, sujet, verbe, attributs et compléments, groupant autour de chaque terme toutes les expressions qui s'y rattachent.

Pour apprendre aux enfants à rendre convenablement un texte, dictez-leur, le plus souvent possible, une traduction très soignée des versions qu'ils ont faites. Je vous recommande, pour vos rhétoriciens, le *Tacite*, de Burnouf. Certaines pages sont des chefs-d'œuvre. Exigez que vos élèves, après avoir écrit, sous votre dictée, cette traduction, la comparent ensuite avec leur propre travail, lisant d'abord attentivement chaque phrase latine, puis la version qu'ils ont faite eux-mêmes, et enfin celle du maître.

S'ils se livrent à ce travail avec une application soutenue, ils feront des progrès rapides et sérieux.

Adieu, mon cher enfant; il faut que je m'arrête; car je viens de gagner un gros mal de tête, à vous écrire. Votre vieil ami — X. *s j.*

Paris, ce 26 mai 1902.

Il faut, mon cher Frédéric, que nous renoncions, au moins pour un temps, à cette correspondance qui était pour moi si douce et qui, pour vous, vous avez bien voulu me le dire, n'était pas sans quelque utilité. Je suis, ces temps-ci, écrasé par les migraines qui s'enchaînent l'une à l'autre, sans me laisser presque aucun répit, comme dans la forêt de Cumes, au dire du bon Virgile, se succédaient, sur l'arbre enchanté, les rameaux d'or.

... Primo avulso, non deficit alter
Aureus, et simili frondescit virga metallo.

« Quelle comparaison saugrenue ! » allez-vous dire *in petto*; car vous êtes bien trop aimable pour le penser tout haut.

Que voulez-vous, mon pauvre ami? Cela montre justement que ma cervelle est avariée. Et puis n'est-il pas sage d'embellir par l'imagination les choses vulgaires de la vie ? Un grain de poésie aide un peu à les supporter. D'ailleurs une bonne migraine, bien acceptée pour l'amour du bon Dieu, n'est-elle pas le plus précieux des rameaux d'or?.. Et nous voici, mon cher enfant, en plein surnaturel, le seul vrai point de vue de la vie.

Entre nous, c'est le grand air qui me manque...

> *... O qui me gelidis in vallibus Hœmi*
> *Sistat, et ingenti ramorum protegat umbra !*

C'est un genre de vie si nouveau que je mène depuis sept mois !

Si encore on voyait poindre, à l'horizon, le terme de l'épreuve... Mais hélas ! il faudra que la France reçoive encore de rudes leçons pour qu'elle commence à ouvrir les yeux !

. . . .

Je me suis reposé un peu ; car je sentais ma tête tourner.

Bref, notre bon docteur me défend d'écrire et me condamne à un repos absolu d'ici au moins trois mois.

Il faut obéir, bien que j'appartienne à une congrégation non autorisée et dissoute depuis longtemps.

En moyenne, nous sommes dispersés, une fois tous les trente ans. Mais... le temps est un grand raccommodeur. D'ailleurs je crois bien que nos persécuteurs seraient fâchés que nous ne nous *reconstituassions* pas... Ils n'auraient plus rien à faire.

Il n'y a pas à dire : c'est bien *reconstituassions* qu'il fallait.

Voilà un temps et une personne qu'il serait plus urgent de proscrire que les religieux.

Enfin, mon cher enfant, je suis désolé de vous manquer de parole ; mais vraiment ce n'est pas ma faute. Si cette infirmité disparaît, nous reprendrons nos causeries.

Adieu ! Courage et confiance pour combattre le bon combat contre les ennemis de l'Eglise et de la France. N'oubliez pas, dans vos prières, le pauvre vieux qui n'en peut mais. — X. *sj.*

Frédéric B. au Père X.

Ker-Maria, ce 8 septembre 1902.

Mon Révérend et très aimé Père. — Je suis tout heureux d'apprendre que votre santé est à peu près rétablie, et que vous avez retrouvé vigueur et jeunesse sous les frais ombrages de R. Mais, chut ! Ne trahissons pas le secret. On mobiliserait peut-être cinq ou six brigades de gendarmerie pour faire une enquête dans l'arrondissement et fouiller l'hospitalière demeure qui vous a reçu ; et les propriétaires courraient risque — je crois qu'ils en seraient fiers — d'être expulsés de chez eux et de voir les scellés apposés sur leur maison, pour complicité dans le délit d'association religieuse.

Vous me disiez, il y a quelques mois, mon Révérend Père, que la guerre faite, de nos jours, à l'Église, retraçait d'une manière saisissante la Passion de Notre-Seigneur Jésus-Christ, et qu'il était facile de reconnaître, dans les *figures* de ceux qui persécutent les religieux, les différents caractères des ennemis du Sauveur : Pharisiens hypocrites et orgueilleux, Sanhédrites cruels et menteurs ; Hérode le voluptueux, Pilate le pusillanime, etc., etc... « Je ne vois pas encore Judas, disiez-vous ; mais il ne tardera guère, et quand l'heure sera venue de la puissance des ténèbres, où le juste doit succomber, alors la figure du traître apparaîtra à son tour, et la similitude sera complète. »

Vous ne vous trompiez pas, mon Père : on

voit bien, à présent, Judas!.. Judas, élevé dans le sein de l'Église qui l'avait paré, comme un fils d'élection, des austères livrées de la chasteté chrétienne, et qui n'a pas rougi — est-ce ambition ou cupidité? ces deux passions s'accouplent d'ordinaire dans le cœur de l'apostat, — qui n'a pas rougi, de blesser le sein qui l'avait nourri et d'accepter de ses complices le honteux honneur de conduire leur bande à l'assaut des asiles de la charité!

En avons-nous assez vu, ces jours derniers, cher maître et ami, de ces ignobles expéditions! Dire qu'on peut en arriver là, en France! C'est à en pleurer de honte...

Ma foi, je vous assure que je ne me suis pas fait faute de protester, et que j'ai vigoureusement crié mon indignation au nez du sous-préfet, des crocheteurs et des commissaires, grands et petits. Vous me connaissez, je pense, assez, cher bon Père, pour deviner que je ne me suis point contenté de rester passif, comme la moule qu'on arrache à son banc, et que j'ai fait du train pour quatre.

Dame! Que voulez-vous? Quand je serai Jésuite — ça m'a l'air, décidément, de tourner comme ça — je n'aurai plus mes coudées franches, et il me faudra, la plupart du temps, marquer le pas, l'arme à l'épaule. Aussi, en attendant, je tire à volonté.

Donc j'ai lancé tout ce qui m'est tombé sous la main, sauf, tout de même, ce qui aurait pu causer de vraies blessures — je ne suis pas si méchant, — pommes de terre, tomates, oignons, carottes, seaux d'eau... Etait-elle bien pure? Je n'en jurerais pas.

Je m'étonne beaucoup de ne point avoir encore été arrêté; car, vrai, je ne me cachais pas, et je criais, de cette voix claironnante qui vous agaçait tant, jadis, pendant les concertations du samedi : « Vivent les Sœurs! Vive la liberté! A bas les cambrioleurs! »

Enfin on ne m'a pas poursuivi... c'est humiliant!

Ce qui faisait peine à voir, c'était l'attitude de nos malheureux troupiers, des officiers surtout, qui étaient là par ordre. Il avaient l'air navré.

Que nous étions heureux, maman et moi, de penser que mon frère Charles, le lieutenant de cuirassiers, était à l'abri du ministre de la guerre et du gouvernement, dans sa garnison lointaine. Le voyez-vous conduisant ses hommes à l'assaut de l'école de Ploudaniel, du Folgoët ou d'une autre — inutile de préciser —

pour en expulser sa sœur Marguerite? Car elle était là, la vaillante petite! Elle a fait la classe jusqu'à la fin. Et puis, nous l'avons vue sortir, le sang aux joues, fière toujours, en vraie Bretonne obstinée, et bien décidée, dès que ses supérieures le permettront, à rentrer par la brèche, au nez des commissaires et des gendarmes.

Charles, bien sûr, n'aurait pas marché; mais il lui eût été très dur, tout de même, de sacrifier sa carrière, comme l'ont fait les deux braves soldats que toute la France chrétienne admire.

Maman a emmené Marguerite à Ker-Maria avec deux autres religieuses de sa congrégation. Elles sont encore, toutes les trois, chez nous, attendant la décision de la maison-mère.

Quant à moi, je ne veux point abandonner, non plus, mon poste de bataille, et dans quelques semaines je reprendrai le chemin de N. Je me suis engagé, vous le savez, à faire la rhétorique, à l'ancien collège des Pères, pendant l'année scolaire 1902-1903, et je tiendrai ma promesse, à moins que le gouvernement n'exécute un coup de force contre les collèges libres.

Ayez donc la bonté, mon excellent Père, de reprendre la plume, puisque le docteur vous le permet, et de compléter les avis que vous avez bien voulu me donner jusqu'à ce jour. J'en ai besoin plus que jamais. Dites-moi surtout comment m'y prendre pour préparer les élèves au baccalauréat.

C'est encore, paraît-il, l'ancien programme qui règlera les épreuves écrites et orales de 1903. Rappelez-moi donc, un peu, comment vous vous y preniez pour nous aider à conquérir la fameuse peau d'âne.

Enfin — ceci est moins pressé — je voudrais savoir aussi quelles sont vos idées sur le style et la versification française. J'ai eu l'audace de vous envoyer, la semaine dernière, quelques timides essais en vers et en prose. J'espère que vous me donnerez franchement votre avis. — Votre ancien et toujours fidèle disciple, Frédéric B.

P. S. La chasse n'ouvre que le 17, dans le département du Finistère..... Quelle déveine !... pour mes avant-dernières vacances !

On dit ici que le distingué M. Combes prépare une circulaire visant l'interdiction du breton dans les églises. Quelle audace, ou plutôt quelle folie ! On veut tuer notre idiome national ; mais je vous jure que nous ne nous laisserons pas faire. Ce monsieur-là ne nous connaît pas !

En apprenant cette nouvelle, lancée peut-être comme un ballon d'essai pour voir jusqu'où peut aller notre patience, maman qui est, vous le savez, une Bretonne de race, s'est récriée d'indignation. « Il n'osera pas ! » a-t-elle dit.

Elle est décidée, si le triste personnage faisait mine d'exécuter ses menaces, à réunir chez elle, à Ker-Maria, quelques jeunes filles des environs, qui ne parlent que le français, pour leur enseigner la vieille langue de nos ancêtres. Ces jeunes filles, quand elles seront mères, à leur tour, apprendront le breton à leurs petits gâs.... et dame ! vous savez ! ce que les gâs de chez nous ont dans la caboche n'en déloge pas facilement.

Plusieurs personnes des environs se proposent d'imiter maman.

Bravo ! c'est comme ça qu'il faut répondre à la tyrannie !

Le Père X. à Frédéric B.

Paris, ce 14 septembre 1902.

Je trouve, mon cher Frédéric, que vous vous emportez un peu beaucoup contre ce pauvre

M. Combes..... Il fait là un triste métier, c'est incontestable. Mais je le trouve surtout bien à plaindre.

Comment! Voici un pauvre vieillard qui a déjà soixante-huit ou soixante-neuf ans, qui n'a plus, par conséquent, que très peu d'années à vivre; et encore est-ce lui faire la part belle que parler d'années à un homme de cet âge, qui a touché, depuis longtemps déjà, le *seuil meurtrier de la vieillesse*, « ὀλοῷ ἐπὶ γήραος οὐδῷ [1] », où la paralysie cérébrale, la congestion, le ramollissement... sournoisement le guettent. Mais enfin faisons-lui bonne mesure, et mettons les choses au mieux. Bien fou qui se flatte, à soixante-huit ans, d'avoir devant soi de longues années! Et ce malheureux, au lieu de se préparer au redoutable compte qu'il devra rendre de toutes les actions de sa vie, à la minute précise où il sortira de ce monde, s'acharne encore à persécuter les religieux, que Jésus-Christ, son juge, aime d'un amour de préférence, et dont il vengera terriblement les injures.

Je trouve, moi, que M. Combes est souverainement digne de pitié; car, si nous estimons

1. Homère, *Iliade*, ch. XXIV, v. 487.

les choses au point de vue de la foi, qui est le seul véritable, mon cher Frédéric, cet ancien abbé, aujourd'hui président du Conseil, et persécuteur en chef aux gages de la Maçonnerie, est sur le point de tomber dans les flammes éternelles, s'il ne se convertit pas sérieusement.

Son état est, par conséquent, beaucoup plus lamentable que celui de ses victimes, qui gagnent le ciel en souffrant persécution pour la justice.

Donc une petite prière pour ce pécheur qui en a si grand besoin !

Ce qui a consommé la perte de Judas, ce n'est pas d'avoir trahi le Sauveur.... c'est d'avoir désespéré de sa miséricorde.

Huit heures du soir. — Eh bien ! vous voici décidément professeur de rhétorique !.... Dois-je vous en féliciter ?

Vous aurez certainement, mon pauvre ami, plus de peines que de consolations dans le métier. Mais vous êtes un vaillant, et les difficultés ne sont pas pour vous faire peur.

Je me souviens que le jour même où je fus nommé professeur de rhétorique — il y a de cela quelque vingt ans, et j'étais encore dans l'âge où l'on n'a point fini d'effeuiller ses illusions — j'allai me promener au jardin d'acclimatation, en compagnie d'un *vieux de la vieille* qui avait fourni, dans les collèges, une longue et glorieuse carrière.

Nous nous arrêtâmes, un bon moment, à considérer le manège d'un employé, dont l'unique occupation, depuis le lever de l'astre du jour jusqu'à son coucher, consistait à *gaver* des canards qu'on engraissait pour les vendre.

Ces intéressants volatiles étaient parqués dans une immense cage tournante divisée en un nombre infini de petites cellules contenant, chacune, un pensionnaire.

Condamnés à une immobilité absolue dans cette sorte de boîte, où ils ne pouvaient ni se tourner, ni s'étirer, ni se dresser sur leurs pattes; suralimentés, du matin au soir, sans repos ni trêve, ils engraissaient à vue d'œil.

Mue sur elle-même, au moyen d'un système d'horlogerie, la cage tournait sans cesse, amenant successivement chaque logette et son locataire sous la main de l'homme qui les nourrissait.

Il y avait alors un arrêt de trois ou quatre secondes. Prompt comme l'éclair, l'employé saisissait par le cou le canard qui lui arrivait et lui insérait prestement dans le bec un tube conique rempli d'une pâtée épaisse que la bête avalait avec un effort plutôt pénible. Mais déjà l'appareil avait tourné, et le tube se vidait dans un autre cou.

L'opération se reproduisait, quinze ou vingt fois par minute, et elle durait, comme je vous l'ai dit, depuis le premier sourire de l'aube jusqu'à l'adieu du soleil.

Le bonhomme, un vieil invalide qui avait fait les campagnes d'Afrique, d'Italie et du Mexique, nous confia qu'il était grand-père, qu'il cessait sa besogne, deux fois par jour, pour aller déjeuner et dîner chez lui, et que pendant ce temps-là, Léa, la plus jeune de ses petites-filles occupait son poste.

Il me semble qu'à la place des canards, j'aurais bien désiré qu'on me remplaçât, moi aussi!

Cette visite me laissa songeur.

« Quel métier abrutissant! » dis-je enfin, entre haut et bas, à mon vieil ami.

Celui-ci me regarda d'un air légèrement narquois.

« Armez-vous de courage, me dit-il, en ouvrant discrètement sa tabatière, la Providence vous a conduit ici, aujourd'hui même, pour chasser de votre esprit les fumées de la vaine gloire, en mettant sous vos yeux une fidèle image de la carrière que vous embrassez. Je parle par expérience, ajouta-t-il; *experto crede Roberto!* Voilà, mon pauvre ami, ce qui vous attend. Il faudra vous résigner à *gaver* vos élèves, depuis le 1er octobre jusqu'au 31 juillet, comme ce bonhomme-là fait ses canards. La préparation au baccalauréat n'est pas autre chose. On abrutit les enfants, et on s'abrutit soi-même. Heureusement il y a deux mois de répit... sans quoi, on deviendrait fou. »

Il y avait, sans doute, quelque exagération dans la boutade de mon vieil ami, et le tableau était un peu bien poussé au noir; mais, entre nous, mon cher, il y a aussi beaucoup de vrai dans cette comparaison.

Je demande pardon à mes anciens élèves, si ces pages venaient, par hasard, à tomber sous leurs yeux. Ils souriront peut-être; mais je suis sûr qu'ils ne me démentiront pas.

La classe de rhétorique, avec le baccalauréat actuel, est un chauffage insipide, excédant à la fois élèves et professeur.

Bonsoir — à demain.

15 septembre. — Le nouveau programme, qui doit être appliqué, pour ce qui concerne

l'examen, à partir de juillet 1904, est un peu moins mauvais que l'ancien, par certains côtés, je l'avoue. Mais que de choses encore à critiquer! et qu'on reconnaît bien vite qu'on n'a remédié à peu près à rien!

Vous n'aurez point à vous occuper, cette année, en rhétorique, de ces nouvelles dispositions, les candidats devant être interrogés d'après le règlement d'études actuel, jusqu'à la session de novembre 1903 ; mais vous m'avez dit que dans votre collège on se demande, avec un peu d'anxiété, vers quel programme il faut maintenant s'orienter.

Faut-il opter pour le *latin-grec*, le *latin-langues*, le *latin-sciences* ou le *sciences-langues?*

La variété est un des éléments essentiels du beau, disent les philosophes. Le nouveau règlement universitaire possède, à coup sûr, cet élément-là.

Pour l'unité, qui, au dire des mêmes savants, n'est pas moins essentielle que la variété à la conception et à la réalisation du beau, il serait peut-être plus difficile de la découvrir dans l'œuvre ministérielle. Mais enfin ne soyons pas trop exigeants. Nous avons déjà la variété ; l'unité viendra peut-être.

Fort de ma petite expérience, je n'hésite pas à vous dire : choisissez le programme *latin-grec;* il est beaucoup moins difficile que les autres, et les enfants en viendront bien plus vite à bout.

Si, pour un motif ou pour un autre, on ne voulait absolument pas de cette combinaison, qu'on prenne alors le *latin-langues.* Il est peut-être moins avantageux que le premier; mais il l'est certainement beaucoup plus que le *latin-sciences* et le *sciences-langues.*

Je connais la portée d'esprit des garçons de quinze à dix-sept ans, pour les avoir longtemps pratiqués, et la somme de travail qu'ils peuvent supporter. Eh bien ! je vous affirme que les deux derniers programmes (latin-sciences et sciences-langues) sont beaucoup au-dessus de leurs forces, et que les collèges qui entrent dans cette voie courent au devant de cruels mécomptes.

Ce n'est point seulement mon opinion que j'exprime. C'est celle des professeurs de mathématiques les plus compétents.

Soyez bien persuadé, Frédéric, que la grande majorité des enfants qu'on aura dirigés de ce côté-là se verront indéfiniment arrêtés par ce premier examen. Et je ne sache pourtant pas qu'on ait l'intention de reculer la limite d'âge pour les écoles du gouvernement.

Je n'hésite pas à dire que ceux qui ont tracé ce programme de mathématiques n'ont pas la moindre idée de l'endurance intellectuelle de la moyenne des garçons de seize à dix-huit ans.

Au contraire, le *latin-grec* et le *latin-langues* sont très abordables. Un élève ordinaire aura de très bonnes chances d'être reçu.

Seulement, il est clair qu'il faudra étudier désormais le grec beaucoup plus sérieusement qu'on ne l'a fait jusqu'à ce jour, et ceci depuis la cinquième. On ne verra plus, je l'espère, des enfants monter jusqu'en rhétorique, sachant à peine lire couramment un texte grec, et absolument ignorants des éléments mêmes de cette langue. Certains professeurs s'en désintéressaient, parfois, au point de la négliger presque complètement ! Il est clair qu'un élève arrivé en *Première* A (ancienne rhétorique), sans en savoir un mot, sera désormais dans l'impossibilité de subir avec succès les épreuves du programme *latin-grec*.

Le grec, remarquez-le bien, Frédéric, ne paraît si difficile que parce qu'on n'en fait pas.

C'est la langue la plus belle que les hommes aient jamais parlée, la plus riche, la plus harmonieuse, la plus régulière aussi dans ses formes, et la moins sujette aux exceptions. Sa syntaxe est d'une admirable simplicité. Pourtant l'extrême richesse de son vocabulaire et les caractères si prodigieusement variés des écrivains qui s'en sont servis, supposent de longs et patients efforts de la part de celui qui aspire à la posséder dans sa plénitude. Mais pour ce qu'on exige des jeunes bacheliers, la tâche est loin d'être aussi ardue.

L'examen de langues vivantes est mieux ordonné, aussi, que l'ancien.

L'espagnol, qu'on pourra dorénavant présenter avec l'anglais (programme *latin-langues*), s'apprend très facilement par un Français quelque peu familiarisé avec l'idiome de Cicéron. Quant à l'anglais, la prononciation exacte serait une grosse difficulté, si les examinateurs se montraient sévères sur ce point. Mais, en général, ils sont très coulants.

Il se pourrait qu'il y eût, pour quelques-uns, de bonnes raisons à cette indulgence.

Je suis obligé d'en rester là pour aujourd'hui. Demain, j'espère avoir le temps de reprendre cette conversation et de m'expliquer plus complètement.

Mardi, 16 septembre. — Tâchons, mon cher Frédéric, de tirer l'affaire au clair, ce matin.

Voici donc — et j'ai mûrement réfléchi avant de vous dire mon sentiment — voici la ligne de conduite que j'adopterais, *sans la moindre hésitation,* si j'avais l'honneur de diriger votre collège.

Je ferais suivre aux enfants, à partir de la *sixième,* le programme de la section A du premier cycle, c'est-à-dire la classe où l'on enseigne le latin, avec le français, les langues et le calcul. Après la *cinquième,* ils passeraient en *quatrième,* section A toujours, où l'on ajoute le grec aux matières étudiées déjà [1].

Cette voie, je crois vous l'avoir prouvé, hier, les acheminera beaucoup plus vite vers la conquête du diplôme.

Au sortir de la *troisième,* c'est-à-dire à l'entrée du second cycle, les parents bien avisés n'hésiteront pas à pousser leurs enfants par le même chemin, je veux dire à les faire entrer en *seconde,* section A.

Quant aux écoliers qui montreraient de réelles

1. Le nouveau programme des lycées suppose qu'on commence le grec en *quatrième* seulement. C'est trop tard, à mon avis. Il faut faire apprendre les éléments de cette langue dès la *cinquième.* (*Note de l'éditeur.*)

aptitudes pour les langues vivantes, on pourrait, je crois, sans désavantage, les mettre dans la section B (*latin-langues*). Le programme de ce cours est très abordable, je vous l'ai dit, surtout si l'on a bien soigné, dès les classes élémentaires, l'enseignement des langues [1].

Je vous ai dit, dans mes lettres précédentes, mon cher Frédéric, que les élèves de *Première*, A ou B (ancienne rhétorique), arriveraient facilement, du premier coup, c'est-à-dire en juillet, à passer avec succès la première partie du baccalauréat; mais nous allons nous trouver, cette première étape franchie, en présence d'une sérieuse difficulté, je l'avoue très simplement.

Les élèves qui ne se destinent point aux carrières scientifiques auront tout intérêt, c'est bien évident, à persévérer dans la voie où ils ont marché jusque-là, je veux dire à entrer dans la classe de philosophie, section A. En ce qui les concerne, nul embarras.

Mais pour les jeunes gens qui se destinent à

1. Il est clair, par exemple, que les enfants élevés à l'étranger par des religieux proscrits seront dans les meilleures conditions pour étudier les langues vivantes (allemand, anglais, espagnol, italien) et que le programme de *Seconde* et *Première* B, leur offrira des chances très sérieuses de succès. (*Note de l'éditeur.*)

Saint-Cyr, à polytechnique, à centrale... il est clair que leur bagage de mathématiques, au sortir de cette classe de philosophie, serait trop mince pour qu'ils pussent se présenter, avec des chances sérieuses de succès, à l'examen des écoles.

Il faudra donc faire, pour ce groupe d'élèves, la part beaucoup plus large aux sciences mathématiques et physiques, *sans les priver pourtant*, remarquez-le bien, de l'enseignement philosophique, dont l'efficacité est si merveilleuse pour développer et mûrir les facultés d'un jeune homme [1].

Voici ce que je proposerais aux directeurs de votre collège.

Faites suivre, leur dirais-je, un cours supplémentaire de mathématiques (deux heures par semaine) depuis la *Seconde*, aux enfants

1. L'étude de la philosophie est extrêmement utile aux jeunes gens, *même au point de vue de leur succès dans les carrières scientifiques.* — Les parents, malheureusement, n'en sont point assez convaincus. — Les Pères, qui préparaient jadis, dans notre école de la rue des Postes, à Saint-Cyr, à polytechnique, à centrale, m'ont dit, maintes fois, qu'il y a une différence énorme, au point de vue des chances de réussite, à parité d'âge et de moyens naturels, entre un élève qui n'a pas fait de philosophie et celui qui l'a étudiée un peu sérieusement. (*Note de l'éditeur.*)

qui se destinent aux carrières scientifiques. Dans l'espace de ces deux années, *Seconde et Première*, il sera facile de leur donner l'équivalent de l'ancien programme de mathématiques pour la *Seconde* et la *Rhétorique*.

Au sortir de *Première* A ou B, je répartirais les élèves en deux sections.

Les candidats aux carrières non scientifiques suivraient le cours normal de philosophie, sans négliger, bien entendu, les autres parties du programme.

Quant à ceux qui se destinent à Saint-Cyr, centrale, ou polytechnique, leur temps serait consacré principalement à l'étude des sciences. Néanmoins, — écoutez-moi bien, mon cher Frédéric, pour que vous puissiez traduire exactement ma pensée — néanmoins, dis-je, je ferais suivre à ces garçons-là un cours de philosophie, moins complet sans doute, et moins détaillé que celui qui est fait à leurs condisciples, très suffisant pourtant, à mon sens, pour mettre en mesure les élèves sérieux de passer avec succès, à la fin de l'année, le baccalauréat de philosophie. Ils auraient alors, comme leurs camarades du cours régulier, le diplôme complet, dont la possession leur vaudra probablement, comme par le passé, une certaine avance de points, quand ils auront à subir l'examen d'entrée aux écoles.

Je suis persuadé, Frédéric, — et mon opinion s'appuie sur celle de professeurs très expérimentés — qu'un cours de philosophie d'une heure par jour, le dimanche excepté, avec une dissertation soigneusement faite et corrigée, chaque semaine, donnerait aux bons élèves des chances sérieuses de succès [1].

Admettons que la note de dissertation philosophique soit un peu faible pour plusieurs d'entre eux. Elle serait, dans ce cas, facilement compensée par la note de sciences, puisque, sur ce point, les élèves de cette classe seront très supérieurs à leurs camarades du cours régulier de philosophie.

Mais voici un autre avantage — très appréciable, à mon avis — du système que je vous propose.

Si dans le cours de l'année on reconnaissait que tel ou tel écolier est inapte à poursuivre avec succès la carrière des sciences, il abandon-

1. Un professeur de philosophie, d'une compétence exceptionnelle en la matière, nous affirmait, aujourd'hui même, que quatre heures de classe par semaine devaient mettre en mesure un élève intelligent et laborieux de subir avec succès l'épreuve du baccalauréat de philosophie. (*Note de l'éditeur.*)

nerait la partie et ne songerait plus qu'au baccalauréat de philosophie, qu'il passerait sans trop de peine, au moins en novembre, grâce au cours abrégé qu'on lui a fait suivre.

De cette façon il n'aurait point perdu son temps, comme beaucoup de jeunes gens, qui, n'ayant point de véritables dispositions pour les sciences, ont échoué misérablement après deux ou trois années d'efforts stériles pour conquérir, de haute lutte, l'entrée à polytechnique ou à Saint-Cyr.

Après cette année intermédiaire entre la classe de *Première* A et les études qui les prépareront immédiatement aux écoles du gouvernement, les élèves qui auront sérieusement travaillé seront assez avancés pour commencer sans délai la préparation directe à Saint-Cyr... Je dis *la préparation directe*, parce qu'à mon sens ils n'auront pas besoin d'une nouvelle année de mathématiques [1] pour être en mesure de suivre ce cours.

M. André rapportera très probablement le décret par lequel la limite d'âge a été fixée à

1. S'ils n'avaient point été reçus à l'examen de philosophie, il n'y aurait vraiment pour eux que demi-mal, puisque la première partie du baccalauréat leur suffit pour entrer à Saint-Cyr. (*Note de l'éditeur.*)

vingt ans, pour les Saint-Cyriens, à partir de 1904 [1].

Donc, un garçon qui sort, à seize ou dix-sept ans, de *Première*; à dix-sept ou dix-huit, de notre classe intermédiaire — appelons-la *Sciences-Philosophie,* si vous voulez — ce garçon, disons-nous, aura trois ou quatre années de préparation directe à l'école militaire. S'il n'y arrive pas, soyez certain, mon bon ami, que ce n'est pas le temps, mais autre chose qui lui a manqué.

Quant aux Polytechniciens, la limite d'âge est toujours fixée, pour eux, à vingt et un ans, — et croyez bien que cette limite, en dépit des projets de loi qui sont dans l'air, ne variera pas de sitôt. Trop de papas et de grands-papas, députés ou sénateurs, ont avantage à la maintenir, dans l'intérêt de leurs enfants ou petits-enfants, voire même dans celui de tel ou tel de leurs électeurs influents, qui n'entendent point du tout qu'on diminue les chances de leurs garçons. —

Fermons la parenthèse et revenons à nos Polytechniciens

1. C'est actuellement, chose faite. M. André vient de rapporter ce décret, février 1903. Plût au ciel qu'il n'eût jamais pris plus fâcheuse mesure (*Note de l'éditeur.*)

Il est clair que ces jeunes gens, au sortir de notre classe *Sciences-Philosophie*, devront faire encore une année de mathématiques avant d'aborder la préparation immédiate à polytechnique. Mais remarquez bien, mon cher ami, qu'un bon élève de cette classe, *Sciences-Philosophie*, vaudra certainement le candidat sortant de *Première C* (*Latin-Sciences*), qu'il aura pour concurrent dans cette nouvelle classe de mathématiques. La plupart des élèves de *Première C* auront employé deux ans, soyez-en bien convaincu, à conquérir la première partie de leur diplôme. Notre écolier de *Sciences-Philosophie* se trouvera donc aussi avancé que ses condisciples, et il aura sur eux le grand avantage d'avoir développé et mûri son intelligence par l'étude de la philosophie, que ses rivaux n'auront pas même effleurée.

Il est beaucoup mieux armé pour le combat.

Le jeune homme qui se destine à polytechnique doit sortir, à seize ans, de *Première*; à dix-sept ans, de *Sciences-Philosophie*; à dix-huit, de sa seconde année de mathématiques. Il aura donc encore trois ans de préparation immédiate, et même quatre ans, s'il sort de *Première*, à quinze ans et demi [1].

1. La dispense d'âge de plus de six mois, pour la pre-

S'il aboutit à un échec, il faudra conclure que pour lui, comme pour son camarade de Saint-Cyr, c'est autre chose que le temps qui a fait défaut.

Voilà mon sentiment, mon cher Frédéric. A présent, qu'ils fassent donc, là-bas, tout ce qu'ils voudront. Mais je pense qu'ils ne se repentiront pas de m'avoir cru.

Adieu, et bon courage, pour porter vaillamment jusqu'en juillet votre lourd fardeau. Votre vieil ami, X. *sj.*

Paris, ce 28 septembre 1902.

Vous allez me trouver des idées bien terre à terre, mon cher Frédéric... Mais à qui la faute? La rhétorique actuelle, et l'examen du baccalauréat, tel qu'il est pratiqué chez nous, n'ont rien du tout d'idéal; vous vous en convaincrez bien vite.

mière partie du baccalauréat, s'accorde encore assez facilement aux très bons élèves.

Quels sont, parmi vos élèves, ceux qui auront le plus de chances de succès? Les plus intelligents? les plus distingués? ceux dont l'esprit a quelque chose de vraiment personnel?

Hélas! non, mon cher ami.

Avez-vous, dites-moi, parmi vos rhétoriciens, des garçons pourvus de larges épaules, d'une tête solide, d'un estomac robuste et d'un vigoureux appétit? Voilà les candidats qui sont le mieux outillés pour décrocher la timbale, s'ils ne sont pas trop bêtes ou trop paresseux.

Vous riez? Je ne plaisante pas. Je dis que ces enfants-là auront plus de chances de réussir, parce qu'ils pourront supporter, sans trop en pâtir, l'écrasant travail de la préparation.

Un jour, le boucher qui fournissait un de nos collèges, causait, sur le seuil de sa boutique avec un de ses amis, quand la division des grands vint à passer, au retour de la promenade.

Notre homme salua d'abord avec empressement la pratique à laquelle il tenait fort; puis, frappant sur l'épaule de son interlocuteur : « Tenez, mon cher, fit-il d'un ton de sympathique admiration, regardez-moi ces enfants-là, et dites, un peu, *si ce n'est pas bien poussé en nourriture!*

Mens sana in corpore sano...

Vieil adage, définissant bien l'homme parfait, au sens naturel du mot ; et si je ne vous propose pas, comme l'idéal de vos rhétoriciens, ce type de gros garçon bien nourri qui charmait si fort notre brave industriel, dites-vous bien, tout de même, que si vos élèves se portent mal, le travail s'en ressentira nécessairement, ou bien alors c'est la santé qui sera sérieusement compromise.

L'intelligence n'est malheureusement qu'un élément assez secondaire du succès au baccalauréat, et elle était certainement très naïve, à plus d'un titre, la préoccupation de ce jeune rhétoricien, qui, durant toute l'année scolaire, supplia sa mère de lui faire servir, soir et matin, des petits pois. Madame D. s'étonnant, à la fin, de ces instances réitérées. « Voyez-vous, maman, expliqua le grand bébé, on nous a dit que les gens intelligents ont, généralement, beaucoup de phosphore dans le cerveau; et il paraît qu'il y a énormément de phosphore dans les petits pois. — Du phosphore! s'écria la maman abasourdie; ils vous ont dit ça, les Pères, au collège? Mais c'est avec ça qu'on empoisonne les rats! — Mais non, maman, c'est pour le bachot! — Et qu'est-ce que tu me chantes donc, avec ton phosphore et ton bachot? — Eh bien! voilà : si vous me faites manger, tous les jours, des petits pois, j'aurai plus de phosphore dans la tête. Alors je deviendrai plus intelligent, et j'aurai ainsi plus de chances de ne pas redoubler ma rhétorique. »

Mon Dieu, je conçois ce désir-là... Mais il est permis de rester sceptique sur l'efficacité du moyen, et je ne saurais vous dire si madame D. crut à propos de s'inspirer longtemps de cette théorie dans la composition de ses menus.

Une bonne mémoire : voilà la faculté la plus nécessaire. Pauvres enfants! C'est effrayant, ce qu'ils doivent emmagasiner de mathématiques, d'histoire, de géographie, d'allemand, de grec, de latin, d'*histoire littéraire*, surtout! Comme on peut leur donner à traiter n'importe quel sujet de littérature grecque, latine ou française, ils doivent être prêts sur tous les points. Et que de minutieux détails il leur faut savoir!

Aussi, mon pauvre ami, quelle rapidité dévorante!

Pour bien saisir la valeur d'une tragédie de Corneille ou de Racine, d'une comédie de Molière, d'une oraison funèbre de Bossuet, d'un chapitre de La Bruyère, d'un discours de Démosthène ou de Cicéron, il faudrait étudier, longuement et tout à loisir, ces incomparables chefs-d'œuvre, en mettre en lumière les qualités éminemment éducatives, la clarté, la méthode et la merveilleuse harmonie, faire admirer, en un mot, toutes les beautés de forme et de fond. Voilà, certes, une étude tout à fait propre à former le goût d'un jeune homme, à lui donner l'habitude de penser, de réfléchir, d'analyser, de comparer, de juger, l'habitude aussi de développer, de composer à son tour...

Mais tout ça, c'était bon, jadis! Dans un siècle de vapeur et d'électricité, comme le nôtre, on se doit d'avaler en une demi-heure, une heure, tout au plus, un de ces purs chefs-d'œuvre de la pensée humaine. On les lit, ou plutôt on en parcourt, dans un manuel, un rapide canevas, non pour les goûter, pour s'en pénétrer, s'en imprégner, se former sur ces grands modèles — on n'a pas le temps — mais uniquement pour en retenir, vaille que vaille, une analyse superficielle qui vous permettra d'en parler, quelques minutes, à un examen, sans avoir l'air d'ignorer absolument ce qu'on vous demande. Quinze jours après, vous n'en savez plus un mot.

Jolie formation !

Que de fois ai-je dû donner à mes élèves, pour leur leçon du lendemain, une tragédie tout entière à étudier, action et caractères, avec toutes les questions historiques et littéraires s'y rattachant ; ou encore l'analyse d'une oraison funèbre, depuis l'exorde jusqu'à la péroraison ! C'est absurde ; je le reconnais bien volontiers. Mais à qui la faute, sinon à ceux qui ont tracé de tels programmes ?

En même temps que vos élèves étudieront, un peu plus à fond (?) les principaux auteurs, il est indispensable qu'ils apprennent, dans un ordre méthodique, mais évidemment avec moins de détails, toute l'histoire de la littérature, au moins celle de la France. Sans cette précaution vous verrez bientôt vos rhétoriciens faire les confusions les plus étranges, placer M. de Maistre au dix-septième siècle, et supposer Ronsard contemporain de Voltaire.

Vous comprenez que les malheureux enfants doués d'une mémoire médiocre ont un immense désavantage. Certains élèves, d'ailleurs très intelligents, sont arrêtés longtemps, parfois, au seuil de l'examen, tandis que tel et tel de leurs camarades, qui leur sont très inférieurs pour les qualités sérieuses de l'esprit, le franchissent du premier coup.

Je vous engage à terminer l'explication des matières de votre programme pour le premier mai, ou le 15, au plus tard. Il est évident que c'est une course au clocher; mais c'est indispensable, si vous voulez revoir sérieusement ce qui a été déjà expliqué et mettre un peu d'ordre dans la cervelle de vos auditeurs.

Avais-je donc si grand tort, mon cher Frédéric, de comparer le malheureux professeur de rhétorique au gaveur du jardin d'acclimatation? Plus vous irez, mon cher, et plus vous reconnaîtrez la justesse du rapprochement.

Adieu. Je comprends que ces derniers jours passés à Ker-Maria sont bien attristés par l'heure déjà si prochaine de la séparation. Je prie Notre-Seigneur de bénir la mère et le fils et d'adoucir l'épreuve par les consolations de la foi. X. *s/.*

Paris, ce 12 octobre 1902.

Voici, pendant que j'y songe, mon cher Frédéric, un conseil bien pratique, et que je vous engage à suivre dès le début de l'année.

Soyez très sévère pour les fautes d'orthographe. Jetez impitoyablement au panier tout devoir incorrect, fût-il bon d'ailleurs. C'est la seule manière d'obtenir de vos écoliers qu'ils se surveillent sur ce point. Si vous vous contentez de leur dire que leur copie, bonne pour le fond et la forme, serait mal ou très mal notée à cause des fautes matérielles qu'ils ont commises, ce sera comme si vous chantiez. Ils retiendront seulement qu'ils ont fait un bon devoir, et que, par conséquent, ils sont prêts à passer avec succès leur baccalauréat. Quant à la correction de la copie, ils sont bien décidés à y faire attention, le jour de l'examen.

L'imprudente jeunesse oublie qu'à l'heure solennelle un écolier garde rarement son sang-froid, et qu'il commet — règle générale — encore plus d'étourderies que de coutume.

Donc, soyez impitoyable sur l'article.

Même remarque pour l'écriture. Exigez qu'elle soit très nette. Déchirez toute copie qui ne se lit pas facilement. Les moutards rechigneront ; mais n'en ayez cure. Vous leur rendez service malgré eux, et vos pauvres yeux ne s'en plaindront pas.

Puisque nous parlons de la correction des copies, ne vous imposez donc pas, mon cher ami, même en rhétorique, l'obligation de les annoter jusqu'aux minimes détails. C'est perdre le temps et s'épuiser sans profit. Si vous leur faites trop de remarques, vos élèves ne seront pas capables d'en profiter, et beaucoup d'entre eux se donneront certainement moins de peine pour se rendre compte de leurs fautes que vous n'en aurez pris vous-même pour les leur signaler.

Indiquez les erreurs les plus graves, ainsi que les passages qui méritent d'être loués. Vous pourrez, de temps en temps, corriger à fond quelques copies. Si cela ne vous arrive pas trop souvent, les élèves y feront plus d'attention et en profiteront beaucoup mieux.

Ménagez votre temps, que vous pouvez employer d'une façon beaucoup plus utile, dans l'intérêt même de votre classe.

Je vous engage à empêcher vos élèves de se

servir de livres pour composer leurs dissertations — au moins à partir du 1er janvier. Les sujets qu'ils ont à traiter ne leur sont pas inconnus. Ils en ont étudié les éléments en classe ou dans leurs auteurs. Ce léger bagage doit leur suffire. S'ils s'accoutumaient à compter sur un secours étranger, ils ne se rendraient point assez compte que leur savoir a des lacunes qu'il importe de combler, et le jour de l'examen — où ils n'auront aucun livre à leur disposition — ils se trouveraient réduits à eux-mêmes, sans avoir pris l'habitude de se débrouiller, et, par le fait même, ils composeraient dans de mauvaises conditions.

Comme il vous serait impossible d'expliquer en classe tous les auteurs grecs ou latins du programme, il faudra nécessairement faire un choix, c'est-à-dire étudier les principaux passages, *pratiquement* ceux sur lesquels Messieurs de la Faculté interrogent le plus souvent. La même remarque s'applique à l'anglais, à l'allemand et aussi, dans une certaine mesure, à la géographie et à l'histoire.

Mais, ici, que d'abus à déplorer !

Je ne me plains pas, remarquez-le bien, d'injustices formelles, voulues ; je me borne à dire que les méthodes d'examen, en usage dans nos Facultés, me paraissent encore assez éloignées de l'idéal.

On sait que Monsieur X. interroge le plus souvent sur tels et tels passages. Les candidats se hâtent de les préparer, de les apprendre par cœur, au besoin. S'ils tombent justement sur un de ces endroits-là... bravo! ils auront une note superbe, surtout s'ils savent ménager leur jeu et laisser croire, par quelques hésitations calculées, qu'ils voient ce morceau pour la première fois.

Si l'élève, au contraire, est interrogé sur des matières non préparées, la plupart du temps il ne dira rien ou presque rien, parce que, de nos jours, les écoliers ne savent plus ni latin ni grec — les professeurs de Facultés ne me démentiront pas. — La note va donc dépendre, en grande partie, non pas du savoir du candidat, mais des hasards de l'examen.

Même résultat, si Monsieur X., est remplacé par Monsieur Y., qui ne pose presque jamais les mêmes questions que son collègue. Quel guignon pour les malheureux enfants qui avaient si bien préparé leurs textes!

« Mais, direz-vous, ce sont là les chances de l'examen. Il en a toujours été ainsi, et les choses ne changeront pas, bien probablement. »

Je ne suis pas de votre avis.

N'est-il pas bien facile à l'examinateur — s'il veut se donner la peine de préparer ses questions — de choisir des textes faciles, très faciles même, si l'on veut, mais qu'on n'explique pas d'ordinaire, dans les classes ? Dans la grande majorité des cas il pourra être moralement sûr que le candidat ne connaît point le passage sur lequel il l'interroge. Alors il pourra le juger sur la science qu'il possède véritablement, puisque le texte est nouveau pour lui et que sa mémoire ne peut l'aider.

Avec cette méthode tous les candidats seraient traités de la même manière, et le hasard — toujours possible, sans doute — n'aurait, au moins, d'influence que très rarement sur le succès de l'examen.

Un autre avantage, très appréciable aussi, c'est que les professeurs ne songeraient plus qu'à apprendre à leurs élèves le grec, le latin, l'allemand ou l'anglais, à le leur apprendre d'une manière sérieuse et pratique, sans se mettre en peine de meubler leur mémoire des morceaux que Monsieur X. et Monsieur Y. semblent goûter particulièrement.

On trouve enfin parfois, dans une même Faculté, des juges sévères et d'autres très indulgents. Le résultat plutôt fâcheux de cette inégalité d'appréciations, c'est qu'un élève *de force moyenne* est à peu près sûr, d'avance, d'un succès ou d'un échec, selon que son étoile l'enverra devant Messieurs du bureau A ou Messieurs du bureau B.

« Qu'y faire? me direz-vous; les jugements diffèrent comme les esprits qui les portent. *Tot capita, tot sensus.* Chacun voit par ses propres yeux et non par ceux de son voisin. L'égalité parfaite est un idéal impossible à réaliser, ici comme ailleurs. »

L'égalité n'est pas parfaite ici-bas... J'en sais quelque chose, n'est-ce pas, Frédéric? Mais il me semble, tout de même, que dans le cas présent il serait assez facile d'éviter l'inconvénient que je signale.

Est-il donc impossible de composer les jurys d'examen *d'une même Faculté,* de telle sorte que la difficulté soit *à peu près* la même devant chacun d'eux?

Si, par exemple, Monsieur A., Monsieur B., et Monsieur C. sont plus enclins à la sévérité que leurs collègues, qu'ils ne fassent pas partie, tous trois, du même bureau. Le problème est, ce me semble, assez facile à résoudre.

Au revoir, Frédéric; je n'oublie point vos

intentions ni celles de la maman. Bien à vous, de cœur. — X. *s j.*

Paris, ce 26 octobre 1902.

Si vous voulez, mon cher enfant, ne pas éprouver de trop cruelles déceptions, le jour où vos élèves subiront les épreuves orales, il faudra, durant l'année, vous tenir au courant de leurs progrès en mathématiques, en allemand et en anglais. Ces notes-là comptent double — du moins jusqu'en novembre 1903, — et par conséquent elles décident presque toujours, en bien ou en mal, du résultat de l'épreuve.

Un élève fort, *calé,* comme disent les écoliers, en mathématiques et en langues vivantes, est à peu près certain de réussir, à l'oral; mais s'il est faible sur ces deux points, l'insuccès final n'est pas moins assuré.

Il est singulier, sans doute, que dans un examen de rhétorique on ait fait aux sciences et aux langues étrangères la part du lion. Mais enfin ce n'est pas nous qui avons arrêté les programmes, et il faut bien les accepter tels qu'ils sont. L'année prochaine, à partir de juillet 1904, la question de sciences naturelles et celle de mathématiques, — pour les élèves de *Première* A et de *Première* B — n'auront, chacune, que le coefficient 0,50. C'est assurément beaucoup plus rationnel.

Evidemment vous n'êtes pas chargé *directement* de préparer vos rhétoriciens aux examens de langues vivantes et de mathématiques ; mais vous êtes le professeur principal, et vous avez, de ce chef, sur votre classe, plus d'influence qu'aucun de vos collègues.

Si vous vous désintéressiez de ces études, si vous affectiez de les regarder comme secondaires, *accessoires*, vos élèves partageraient vite votre manière de voir et n'apporteraient bientôt aucune application à ces matières d'ailleurs difficiles, et qui n'ont déjà que trop peu d'attraits, — en France, du moins, — pour la grande majorité des enfants de cet âge.

Il serait très désirable que le professeur de mathématiques, ceux de langues vivantes et celui d'histoire voulussent bien vous mettre au courant des progrès de chacun de leurs élèves. Ces Messieurs trouveraient dans votre concours un appui très important. De votre côté, vous seriez plus à même de soutenir, à l'occasion, leur autorité.

N'oubliez pas non plus de donner largement à vos écoliers le temps dont ils ont besoin pour faire convenablement leurs devoirs de langues et de mathématiques et apprendre leur histoire.

Il faudrait, pour bien faire, qu'ils eussent déjà vu, une fois, complètement, les matières du programme de mathématiques, pendant les deux ou trois années précédentes. Dans ces conditions, avec un peu de bonne volonté, et sans qu'il fût nécessaire d'y consacrer beaucoup de temps, ils pourraient savoir très suffisamment leur cours, à la fin de la rhétorique. Mais s'ils n'ont rien ou presque rien fait en troisième et en seconde, il est clair que pour la plupart d'entre eux la partie est perdue d'avance.

Aux approches de l'examen parfois les têtes se montent. Il importe alors de calmer les enfants, de les encourager, même ceux qu'une inquiétude trop légitime incline, un peu tard, à la contrition.

Engagez-les à prier pour obtenir le succès. Voyant venir le danger, ils sentent mieux, d'ordinaire, qu'ils ont besoin de recourir à la prière. Ils se confessent et communient avec plus de soin. Il est même arrivé que tel ou tel, particulièrement touché, ait refait des confessions mauvaises, qu'il ne s'était point senti jusque-là le courage de réparer. Tâchons de profiter de ces bonnes dispositions pour le bien des âmes. C'est à ce bien-là que nous tenons, avant tout, vous et moi, n'est-ce pas, Frédéric?

Mais *ne promettez pas* que si on prie bien on sera *certainement* reçu. D'abord, vous n'en savez rien. Le bon Dieu peut avoir bien des motifs pour ne pas accorder à un écolier, même à un écolier modèle, le succès sur lequel il comptait. Et ceci, dans l'intérêt supérieur de son âme.

Nous devons savoir que les grâces temporelles ne sont point toujours obtenues par la prière, précisément parce que, parfois, il peut être bien meilleur pour nous de n'être point exaucés dans le sens de notre demande; car nous ignorons bien souvent ce qui nous est plus avantageux. Par conséquent, n'allez pas dire à vos élèves que s'ils prient bien ils sont sûrs de réussir.

Certains enfants, qui avaient compté sur un succès *infaillible*, se voyant ensuite refusés contre leur attente, perdaient tout courage; quelques-uns allaient même jusqu'à murmurer contre la Providence.

Peut-être ne leur avait-on pas parlé avec assez de prudence ou de clarté.

Quand vos élèves auront fait leurs compositions écrites, je vous engage à ne point leur signaler les erreurs qu'ils auront commises. Si vous leur corrigez leurs devoirs, vous leur trouverez toujours des fautes, évidemment. Alors ils croient tout perdu, s'énervent, se découragent et ne font plus rien. N'oubliez pas qu'il faut les avoir sur les bras, dix ou quinze jours encore, attendant fiévreusement la fameuse liste qui ne vient pas. Vous verrez, Frédéric, si les moutards sont assez insupportables durant ces jours-là, et s'il ne faut pas être doué, alors, d'une patience de séraphin !

Pourquoi s'étonner, d'ailleurs, qu'ils soient un peu agacés... et agaçants ? Il faut alors avoir, dans vos rapports avec eux, la main très souple, tout en les tenant avec une fermeté calme, pour qu'ils ne s'énervent pas tout à fait.

Il est bon de leur faire voir des examens oraux, quelques jours, je dis *quelques* jours seulement, avant qu'ils affrontent eux-mêmes le jury.

Cette vue les rassure, parce qu'ils constatent qu'au fond les questions sont simples. Ils acquièrent ainsi de la confiance et de l'aplomb.

Mais il serait déplorable de leur donner ce spectacle, longtemps avant l'époque où ils doivent subir eux-mêmes l'épreuve.

Voici pourquoi :

Les questions posées, nous le disions tout à l'heure, sont faciles, très faciles même, la plupart du temps. Mais ce qui double, ce qui triple la difficulté, c'est l'émotion du candidat, qui n'est pas du tout dans son assiette et perd la moitié de ses moyens. N'oublions pas que l'innocent rhétoricien voit alors le feu pour la première fois.

L'élève qui n'assiste au supplice qu'en simple spectateur, et qui ne ressent point les émotions de la victime, ne se rend pas du tout compte de la difficulté très réelle qu'éprouve le malheureux qui subit l'examen, difficulté qu'il éprouvera lui-même, quand de simple spectateur il sera devenu acteur dans le drame.

Aussi l'enfant qui a vu les examens oraux, sort-il, d'ordinaire, de la Faculté, avec la ferme conviction qu'il aurait pu répondre à tout, qu'il est déjà prêt, et que, par conséquent, il n'a plus *à se fouler*.

C'est l'inconvénient ordinaire d'une initiation prématurée.

Soyez, autant que possible, assez près de vos élèves, quand ils subiront les épreuves orales. Ne restez pas, bien entendu, dans la salle d'examen. Votre présence les gênerait beaucoup, et les sottises qu'ils débiteront vous causeraient, à vous, beaucoup d'agacement. Tenez-vous plutôt, en permanence, dans un endroit où vous puissiez leur dire quelques paroles, les consoler et, au besoin, relever leur moral.

Un mot de leur professeur produit, d'ordinaire, tant d'effet sur les enfants !

Que de fois ai-je vu un pauvre garçon m'arriver, tout tremblant et la figure décomposée, m'affirmant qu'il était perdu, qu'il était bien inutile de continuer, et me suppliant de lui laisser reprendre aussitôt le train ! Eh bien ! après quelques minutes de conversation — l'effet ne se produisait pas toujours, mais bien fréquemment — quand j'avais — passez-moi l'expression — *blagué* ses frayeurs, il me quittait, tout rasséréné, et, ma foi, d'ordinaire il s'en tirait. *Possunt, quia posse videntur !*

Si personne, dans ces moments d'émotion vive ou d'extrême abattement, n'était auprès d'eux pour leur remettre le cœur au ventre, ils seraient perdus, neuf fois sur dix.

Il me semble, Monsieur Frédéric, que vous-même vous vous trouvâtes bien, jadis, d'être ainsi repêché par votre vieux professeur.

Si je vous disais qu'il m'est arrivé quelquefois de remonter des lycéens dans la détresse !

J'en vois encore un, qui m'avait ému de compassion, et à qui j'avais fini par persuader qu'il ne s'était pas trop mal tiré des mathématiques. Je le vois encore venir, à la gare, deux heures après, me remercier cordialement de lui avoir rendu le courage.

Un Jésuite sauvant un lycéen... tableau !

Il arrive parfois que papas et mamans ont l'idée... moins heureuse, d'assister aux examens de leur garçon. Ils sont, d'ordinaire, plus difficiles à calmer, d'autant qu'on ne peut vraiment pas les malmener comme les moutards.

C'est drôle ! Ce sont généralement les papas qui manquent le plus de sang-froid. Ils croient toujours que tout est perdu. Les mamans ont l'espoir plus tenace.

Quant à leurs enfants, le remède le meilleur pour les remettre en équilibre — je l'ai éprouvé maintes fois — c'est de les *attraper* vigoureusement, quand ils savent d'ailleurs que cette verte semonce ne vient pas précisément d'un ennemi. Cela leur donne un aplomb magnifique.

Il y a des parents, qui, voyant leur fils refusé, voudraient le remettre au travail sans lui accorder le moindre répit. Ce système-là ne vaut rien. L'enfant est alors tellement ahuri, tellement saturé de dissertations, de versions, d'histoire, de mathématiques et d'allemand, qu'il ne ferait que s'énerver sans aucun profit réel. Il faut, au contraire, dans l'intérêt même de son examen, qu'il prenne de bonnes vacances et un repos sérieux.

Tâchez surtout que les parents n'aient pas la désastreuse idée de le mettre dans une boîte. Au point de vue moral, les meilleures ne valent rien.

Bonsoir, mon cher enfant. N'oubliez pas, dans vos prières, votre vieil ami, X. *s j.*

Frédéric B. au Père X.

N. ce 21 décembre 1902.

Qu'entends-je dire, mon bien-aimé Père? Vous partiriez... Vous quitteriez la France? Et c'est au Canada que vous allez demander asile?

Ah! je ne le comprends que trop! Votre existence doit être un supplice, depuis que vous avez perdu la vie de communauté, cette vie religieuse devenue pour vous une seconde nature, et, si je n'étais pas si égoïste, je me réjouirais, à la pensée que vous allez retrouver là-bas ce que la France, hélas, refuse aujourd'hui aux meilleurs de ses enfants : la paix et la liberté sous la protection des lois.

Mais, pour moi, mon très cher Père, quel regret de vous voir partir, pour longtemps, pour toujours peut-être! C'est un ami, un guide, un père qui s'en va. Dieu m'avait fait trouver en vous la lumière, la consolation, la force, dans les moments difficiles. J'y comptais; je vous savais là ; et j'étais tranquille, me disant, à certaines heures plus pénibles : *Mon grand ami sait tout cela, et il en parle avec le bon Dieu...* Et je ne puis me faire à cette idée que je ne vous aurai plus, et que l'Océan va nous séparer. Maman sera bien désolée, elle aussi, quand elle saura la triste nouvelle : elle comprendra ce que je perds !

Enfin c'est la volonté de Notre-Seigneur. Il faut s'habituer aux séparations ; la vie en est faite. Cette épreuve nous rapproche de Dieu en nous apprenant à ne compter que sur Lui. Pour moi surtout, l'apprentissage est nécessaire ; car voici venir, à grands pas, l'heure où, moi aussi, je quitterai tout... Ker-Maria que j'aime tant, mon frère, quelques amis bien fidèles ; ma liberté et mes plaisirs de jeune homme, qui, Dieu merci, ne me laissent point de remords ; mes chiens, mon fusil ; et puis Djinn, mon beau coursier, vif et léger comme un chevreuil ; et puis maman que j'adore et à qui mon départ va percer le cœur. Devant moi, à force d'énergie, elle saura bien refouler ses larmes ; mais qu'elle va souffrir ! Ah ! c'est ce déchirement-là qui sera terrible !

J'aurai pourtant, je l'espère, la force de laisser tout pour suivre Jésus crucifié. C'est bien décidé maintenant. C'est ce nom-là, nom d'opprobre et d'ignominie que je porterai; livrée d'humiliation, qui se changera, dans l'autre vie, en un vêtement de gloire.

Je vous ai dit, n'est-ce pas, très cher Père, que vers la fin d'octobre prochain, j'entrerais au noviciat des Jésuites, si l'on veut bien m'y recevoir. Après cela, j'irai, s'il le faut, au bout du monde. Peut-être nous rencontrerons-nous, quelque jour, au Canada ou ailleurs? En tout cas, nous nous retrouverons au ciel.

Priez pour moi, très aimé Père, pour ma persévérance, pour que je sois tout à fait généreux, pour que je ne pense plus à moi, mais seulement à Jésus et aux âmes; à Jésus pour le glorifier par le sacrifice de tout mon être, qui lui appartient déjà, mais que je lui donne de toute l'énergie de mon cœur; aux âmes, pour les sauver, même celles de Combes et de Waldeck-Rousseau, bien qu'à l'heure qu'il est elles ne soient pas bonnes à prendre avec des pinces.

Adieu. Bénissez-moi. Votre fils et petit Frère en J.-C. — Frédéric.

P. S. — Quelle visite curieuse je viens de recevoir! Un brave homme, très bien intentionné, sans doute, — j'avais dû, pour de bonnes raisons, lui faire part de mes projets — me disait, tout à l'heure, d'un ton tout à fait convaincu : « Vos désirs sont excellents, mon cher Frédéric ; mais le moment est-il vraiment bien choisi pour se faire religieux? Vous voyez que les religieux sont chassés de partout... Si encore on prévoyait qu'ils dussent revenir bientôt... Mais la persécution peut durer longtemps. Qu'iriez-vous faire auprès d'eux, sinon végéter misérablement, sans trouver l'emploi de vos talents, qui, en France, pourraient être très utiles à la bonne cause? Pourquoi cacher la lumière sous le boisseau? Cette persécution, assurément, est fort regrettable, ajouta notre homme, d'un ton calme et reposé; mais enfin prenons les choses telles qu'elles sont. Les religieux, à l'heure actuelle, semblent inutiles à la cause du bien. Pourquoi donc aller grossir le nombre de ceux qui, déjà, ne comptent plus sur le champ de bataille? »

Je vous avoue, mon Révérend Père, que ce langage m'agaçait fort. Toutefois, comme mon interlocuteur était un homme âgé et respectable, je fis tous mes efforts pour me contenir, et ce fut, je crois, d'un ton très modéré que je lui répondis :

« Est-ce donc, lui dis-je, être inutile à la cause

du bien que souffrir persécution pour la justice? Et qu'est-ce donc que la cause du bien, sinon la gloire de Dieu, le salut des âmes et notre propre sanctification?

« Notre-Seigneur n'a-t-il pas dit : *Bienheureux serez-vous*, quand on vous persécutera, quand on vous chassera, quand on vous séparera, quand, à cause de moi, on vous chargera d'injures et de calomnies?

« Les religieux, à l'heure actuelle, ne sont-ils pas dans ce cas? — Ou bien faut-il croire que Notre-Seigneur n'avait pas prévu la persécution Combes-Waldeck-Rousseau?

« L'heure du péril, l'heure où il y a quelque chose à risquer, l'heure où la vie et l'honneur humain sont en jeu, cette heure-là n'est-elle pas, par excellence, l'heure de l'amour et du dévouement?

« Quand Philippe-Auguste, à Bouvines, était entouré d'ennemis et sur le point de tomber entre leurs mains, n'était-ce pas l'heure, pour ses fidèles, de voler au secours du roi? ou fallait-il se réserver pour un moment plus opportun?

« Eh bien! Jésus-Christ, mon Maître et mon Roi, est haï et blasphémé avec plus de rage que jamais par la secte maçonnique qui a juré de détruire son règne en France. Les religieux sont persécutés *à cause de leurs vœux*, qui les crucifient au monde, en même temps que le monde leur est crucifié. Et c'est pour cela que le monde les hait. Et ceux qu'il poursuit avec le plus d'acharnement sont ceux-là justement qui portent le nom sacré de Jésus...

« Mon cœur n'a pas besoin de plus longues réflexions.

« A la guerre, les bons soldats marchent au canon. J'entends le canon : je marche ! »

Mon grave interlocuteur n'a trouvé que ceci à répondre : « Vous êtes bien jeune, Frédéric ! »

Je n'ai pas répliqué ; à quoi bon ?

Dès que vous serez installé là-bas, envoyez-moi, je vous prie, votre adresse exacte.

!!! Figurez-vous que j'entends crier dans la rue l'arrestation de la famille Humbert !!! Ce serait *épatant*... Mais évidemment c'est un canard. Quel agent serait assez maladroit pour commettre un pareil impair? — Frédéric.

Le Père X. à Frédéric B.

Paris, ce 23 décembre 1902.

« Le vrai peut quelquefois n'être pas vraisemblable. »

L'arrestation de madame Humbert et de sa famille est tout de même vraie, mon cher Frédéric. Mais soyez sûr que la troupe rentre en scène, au moment voulu par l'*impresario*, qui l'a tenue dans la coulisse, tant que l'intérêt de la comédie l'a exigé. Moi qui ai eu à mes trousses juges d'instruction, procureurs et agents, je puis vous dire qu'il est malaisé d'échapper à leur vigilance, et je ne ferai jamais à la police de mon pays l'injure de croire que la famille Humbert ait pu séjourner six mois à Madrid, sans que notre gouvernement en ait eu le moindre soupçon.

Maintenant, quel est le pince-sans-rire qui tient les fils de toutes les marionnettes que nous allons voir défiler ?... Mystère et défense républicaine !

Non, tout cela me dégoûte, à la fin; et voici justement pourquoi, mon cher Frédéric, je suis sur le point de vous fausser compagnie. Mes supérieurs ne m'obligeaient pas à partir; c'est moi qui l'ai demandé. On m'a laissé le choix entre l'Angleterre, le Canada et la Belgique. J'ai opté pour le Canada. Nos Pères ont été admirablement reçus en Angleterre et en Belgique, terres classiques de la liberté, comme jadis la France, hélas! L'accueil cordial fait aux exilés, et tout particulièrement aux religieux proscrits, m'attirait, sans doute, aux bords de la Tamise ou de la Meuse; mais je préfère mettre l'Océan entre mon pays et moi. N'est-il pas moins dur d'être loin de ce qu'on aime que d'en être tout près sans en pouvoir jouir. J'aime la France toujours, et plus encore, il me semble, depuis qu'elle est aux mains de ses plus mortels ennemis. Aux heures sombres de son histoire, le Prussien ou l'Anglais ont fait couler le plus pur de son sang; mais ce n'est point la perte du sang qui fait mourir les nations.

Aujourd'hui, hélas! c'est l'honneur de la patrie qui coule à flots!

La bande cosmopolite, qui a réussi à mettre la main sur toutes les forces vives de notre pays, a juré que la France deviendrait une nation athée.

Ils savaient bien, ces impies, que tant qu'elle serait chrétienne elle se cabrerait sous l'injure, et que sa main défaillante saurait brandir encore un tronçon d'épée pour défendre son territoire et venger son honneur ; mais ils étaient bien sûrs, aussi, que si elle oubliait la foi de son baptême, elle perdrait, du même coup, sa vaillance et sa fierté. Et voilà pourquoi ils l'ont comme enivrée d'impiété et de luxure, et alors ils ont tressailli de joie, la voyant sans défense entre leurs mains.

C'est là, Frédéric, tout le secret de la persécution actuelle.

C'est si bien la haine de la religion qui hante l'âme des Frères∴, que s'ils étaient sûrs de pouvoir livrer la France à un souverain impie, capable de détruire toute idée religieuse dans notre pays, ils étrangleraient allègrement leur chère République et deviendraient des royalistes enragés.

Des républicains, ces gens-là... allons donc ! Montesquieu dit qu'il n'y a que les gens vertueux qui puissent être républicains.

Enfin, je trouve tout cela si écœurant que je m'en vais de l'autre côté de l'Atlantique. Je ferai là-bas ce que je pourrai. On ne m'empêchera pas de prêcher, de confesser, de faire la classe... Je souffrirai, c'est bien sûr; mais, au bout du compte, la pire chose qui puisse m'arriver, c'est de mourir et d'aller au ciel après un stage en purgatoire. La perspective n'est pas sans charme — sauf le purgatoire.

Je suis bien vieux pour espérer de voir la fin de la tempête... Et pourtant il suffit d'un instant au bon Dieu pour calmer les vents et les flots. Oh! alors, quelle joie de revoir la France, une France honnête, laborieuse et chrétienne, prête à reprendre son rang dans le monde et tenant fièrement son drapeau! Oh! comme l'honneur et la paix reviendront vite quand nous aurons un bon gouvernement! Alors, nous souvenant des tristes jours que nous vivons à présent, il nous semblera que nous sommes sortis d'un affreux cauchemar.

La France a de tels trésors de jeunesse et de vie, des ressources si merveilleuses, tant de spontanéité, de souplesse et d'énergie!

Quels triomphants réveils que les siens!

Mais, plus qu'à toute autre nation, un bon gouvernement lui est nécessaire, parce qu'elle ne sait pas se conduire elle-même. Comme une cavale de sang, elle se précipite où la mène son maître. Tant pis, si on la fourvoie ! Elle descend, affolée, jusqu'au fond de l'abîme. Mais si, d'aventure, un vrai cavalier la monte, elle se relève, et, d'un irrésistible élan reprend l'essor, et sa gloire éblouit ceux qui, hier encore, annonçaient sa fin prochaine.

Rappelez-vous les prodigieux changements, qui, jadis, relevèrent la France abattue et presque sans vie : l'Anglais « bouté hors de France » par la petite bergère que Jésus-Christ avait chargée de recouvrer son royaume ; la guerre civile et religieuse, qui menaçait l'intégrité de notre sol et de notre foi, heureusement terminée par la conversion et l'avénement de Henri IV ; la victoire de Denain, relevant l'honneur et la fortune de la France après des désastres sans précédents ; la religion catholique renaissant, contre toute attente, à l'aurore du XIXe siècle, au lendemain des orgies sacrilèges de l'impiété révolutionnaire.

Puis ce fut la glorieuse épopée, qui, durant quatorze ans, promena dans toutes les capitales de l'Europe nos étendards victorieux. La chute qui suivit fut profonde, et l'on crut encore que la France, épuisée d'or et de sang, allait périr enfin sous les coups de l'Europe qui l'envahissait par toutes ses frontières.

Mais, sous le souffle de Dieu, son essor fut si puissant et son ascension si rapide, que quinze ans après Waterloo, nous allions prendre Alger, défiant l'Angleterre jalouse de nous barrer le chemin.

Deux ans enfin, deux ans à peine après nos derniers désastres, le prince de Bismark, qui avait cru, par le traité de Francfort, rendre la France impuissante pour de longues années, s'inquiétait de son relèvement rapide et méditait de se jeter sur elle, avant qu'elle eût repris assez de forces pour brandir encore l'épée d'Iéna et d'Auerstœdt.

L'intervention de la Russie l'empêcha de nous déclarer la guerre.

Bonsoir, mon cher enfant; demain, un dernier mot pour vous dire adieu.

Ce 24 décembre, vigile de Noël.

Nous assisterons, vous, du moins, vous assisterez, Frédéric, à un de ces beaux réveils de notre patrie ; et vous aurez l'honneur de contribuer au relèvement national en travaillant à refaire la foi de la France.

Vous rentrerez, dans ces collèges que l'on nous ferme aujourd'hui; vous y rentrerez, pour reprendre l'œuvre de l'Eglise, « l'éternelle recommenceuse » comme on l'a si bien nommée.

Et nous, de là-haut nous assisterons à vos succès apostoliques, en priant pour vous.

Où seront alors les Waldeck-Rousseau, les Combes, et tous les persécuteurs, plus ou moins fameux, de notre temps? Leurs œuvres mauvaises auront passé, et Dieu les aura jugés pour l'éternité.

Espérons qu'ils auront fait pénitence, avant de paraître à ce tribunal redoutable *qui doit juger les justices de ce monde*, et qu'ils auront trouvé miséricorde !

Le bon Dieu vous a donné, mon cher Frédéric, toutes les qualités requises pour l'éducation de la jeunesse. Vous ferez un excellent maître, et les années d'épreuve, que vous allez traverser, vous prépareront efficacement à une tâche toute d'abnégation et de dévouement.

Aimez cette mission que Notre-Seigneur vous confie. C'est une œuvre éternelle, que la formation morale et religieuse de la jeunesse.

Dans ces adolescents que vous voyez devant

vous, attentifs aux paroles qui tombent de vos lèvres, que la foi vous montre, sous l'enveloppe matérielle, banale ou sympathique — détail vulgaire, indigne de vous arrêter — que la foi vous montre les âmes rachetées par le sang du Calvaire, les âmes qui seront glorieuses ou malheureuses pour l'éternité. Dites-vous bien que l'action que vous exercez sur elles aura une influence considérable pour les acheminer vers le bien ou vers le mal.

Songez aux immenses dangers qui les attendent dans la vie, aux ennemis acharnés qui leur feront une si rude guerre.

Que sera, dans dix ans, dans vingt ans, cet enfant tout occupé aujourd'hui de ses études et de ses jeux ? dans quel camp sera-t-il alors ? et de quelles passions battra son cœur ?

Problème redoutable !

Chaque homme, sans doute, est, après Dieu, le principal artisan de son avenir éternel. Mais vous, maître, vous, éducateur des âmes, vous collaborez puissamment à ce grand ouvrage. Les principes que vous déposez dans cette intelligence en formation, les sentiments que vous inspirez à ce jeune cœur ardent et chaud, ne détruisent pas sa liberté, mais ont une action puissante sur l'orientation définitive de sa vie.

Vous connaissez ces beaux vers de Musset :

Le cœur de l'homme vierge est un vase profond.
Lorsque la première eau qu'on y verse est impure,
La mer y passerait sans laver la souillure;
Car l'abîme est immense, et la tache est au fond.

Si c'est vrai, malheureusement, des influences pernicieuses, c'est vrai aussi, grâce à Dieu, des bonnes influences, et c'est pour nous, mon cher Frédéric, un grand sujet de consolation.

Il me souvient d'un enfant, élevé dans un de nos collèges, et qui, quelques années après nous avoir quittés, avait perdu les habitudes de la vie chrétienne.

Au cours d'un voyage de plaisir il fut arrêté subitement par une crise du terrible mal — la phtisie — qui le dévorait.

Transporté dans une chambre d'hôtel, sans amis, sans parents pour l'assister, il voyait froidement venir la mort.

Comme on lui proposait de recevoir un prêtre, il répondit qu'il n'en éprouvait point le désir, et comme on insistait, lui représentant le péril très prochain qu'il courait, « Peut-être, reprit-il, si je retrouvais le Père qui m'a fait faire ma première communion, consentirais-je à me confesser. »

Il ne se rappelait plus le nom de ce prêtre; mais, pressé de questions, il laissa deviner dans quel collège il avait été élevé. C'était, comme je vous le disais tout à l'heure, un établissement dirigé par la Compagnie de Jésus.

On courut aux informations et on finit par savoir de quel Père il s'agissait. Ce religieux, alors malade et âgé — il est mort aujourd'hui — se trouvait, en ce moment-là, à l'autre bout de la France.

Prévenu par télégramme qu'un mourant désire le voir, il se met en route aussitôt.

Dès que le malade vit le Père entrer dans sa chambre, il sourit doucement et lui fit le meilleur accueil. Il se décida bien vite à se confesser. La bonté divine avait daigné condescendre aux conditions que le jeune mourant avait osé mettre à sa conversion.

Bientôt il fut parfaitement disposé à mourir, et il se montrait tout heureux du merveilleux changement que la grâce opérait en lui.

« Voyez-vous, lui dit le Père, de quelle miséricorde le bon Dieu use envers vous ? Je me rappelle fort bien — malgré le long temps écoulé — que vous avez fait une excellente première communion, et c'est ce souvenir béni qui ferme, pour vous, l'enfer, et ouvre le paradis. »

Quelques heures après, le malade expirait paisiblement.

O mon cher Frédéric, efforçons-nous d'établir, dans le cœur de nos enfants, le règne de Jésus-Christ ! Il en est parmi eux, je le sais, qui, grâce à Dieu, demeurent fidèles ; et parmi ceux qui oublient les promesses de leur baptême il y en a bien peu, Dieu merci, que les principes reçus dans leur enfance ne ramènent pas, tôt ou tard, dans les bras de Dieu.

Quelques-uns, hélas ! ont changé en poison l'incomparable bienfait d'une éducation chrétienne. Ils s'acharnent alors, les malheureux, à priver les autres de ce don précieux de la foi, beaucoup plus coupables que ceux qui n'ont pas connu la vérité, et de qui l'on peut dire, dans une certaine mesure : « Ils ne savent pas ce qu'ils font. »

L'apostat, lui, sait bien ce qu'il fait ; et quand il ferme l'oreille à la voix du remords, qui est une grande grâce, aussi, le mépris de cette grâce endurcit son cœur ; et pour étouffer cette voix importune, pour échapper à cette lumière qui l'éblouit, il cherche à s'étourdir par de nouveaux forfaits, espérant, comme le Mathan, de Racine, « à force d'attentats perdre tous ses remords » et retrouver cette paix qu'il ne connaît plus.

Et pourtant la grâce est si puissante, que malgré tant de crimes elle peut toujours opérer son effet et changer le cœur où elle trouve encore un atome de bonne volonté.

Tant que le pécheur est vivant, rien n'est définitivement perdu. Qui sait? La sainte Vierge n'a peut-être pas dit son dernier mot. C'est pour cela que nous devons prier toujours pour nos persécuteurs. Je ne manque pas de le faire, tous les matins, au saint autel.

Adieu! Rendez-vous, cette nuit, auprès de la crèche du divin Enfant...

Je pars, vendredi matin, 26, pour le Havre, et le lendemain je quitte la France.

Adieu, ou au revoir dans un meilleur avenir!

Votre vieil ami, X. *s j.*

France, ce 24 décembre 1902.

FIN

Imprimerie Générale de Châtillon-s-Seine. — A. Pichat.

OUVRAGES DE MONSEIGNEUR DUPANLOUP

SUR L'ÉDUCATION

Éducation (de l'), par Mgr DUPANLOUP, évêque d'Orléans. 3 volumes in-12. 10 fr. 50

Tome Ier. De l'éducation en général. — Tome II. De l'autorité et du respect dans l'éducation. — Tome III. Les Hommes d'éducation.

Il n'y a pas d'auteur plus recommandable que Mgr Dupanloup pour donner le plan d'une bonne éducation, c'est pour ce motif que ces ouvrages seront consultés avec fruit non seulement par les professeurs, mais par les pères et mères de famille.

Lettres sur l'éducation des filles et sur les études qui conviennent aux femmes dans le monde, par Mgr DUPANLOUP. 1 volume in-12. 4 fr. »

Les moyens d'éducation nécessaires pour former aujourd'hui les jeunes filles, afin qu'elles deviennent *la femme forte* dans la famille et les diverses institutions, voilà le thème de l'éminent évêque.

Enfant (l') par Mgr DUPANLOUP. 1 vol. in-16, en caractères elzéviriens, encadré de vignettes. 4 fr. »

Cultiver, exercer, développer, fortifier et polir toutes les facultés physiques, intellectuelles, morales et religieuses de l'enfant, tel est le devoir d'un père, d'une mère, telle est la sainte mission des instituteurs.

Femme (la) Studieuse, par Mgr DUPANLOUP, évêque d'Orléans. 1 vol. in-16, en caractères elzéviriens. 4 fr. »

Dans cet ouvrage, Mgr Dupanloup donne quelques conseils aux femmes chrétiennes, vivant dans le monde sur le travail intellectuel qui leur convient. Son livre ne s'adresse pas seulement aux mères de famille, mais encore aux institutions qui veulent donner aux enfants qu'elles élèvent des conseils précis sur les devoirs du monde.

Mariage (le) chrétien, par Mgr DUPANLOUP, évêque d'Orléans, de l'Académie française. 1 volume in-16, en caractères elzéviriens avec gravures, encadré de vignettes. 4 fr. »

— LE MÊME sur papier japon. 20 fr. »

OUVRAGES DU P. LIBERCIER

DES DOMINICAINS ENSEIGNANTS

Les Religieuses enseignantes et l'Education des jeunes filles, conseils de direction pour la vie religieuse et l'éducation, d'après Mme de Maintenon. In-24 allongé. 1 fr. »

En entrant dans le monde, conseils de vie chrétienne, d'après Mme de Maintenon. In-24 allongé. 1 fr. »

A l'Ecole de Jésus (F. de Lamennais). In-24 allongé. 1 fr. »

Lettres à des Religieuses, d'après Mme de Maintenon. In-24 allongé. 1 fr. »

Méditations sur l'Eucharistie (F. Bossuet). In-24 allongé. 1 fr. »

L'Education des Jeunes filles. *Instructions, Avis, et Conseils, d'après Mme de Maintenon.* In-12. 3 fr. »

L'Education des Jeunes Filles par les Religieuses enseignantes : *Conseils de vie religieuse et de pédagogie.* 1 vol. in-12. 3 fr. »

Choix d'entretiens et de lettres de Madame de Maintenon. Avec portrait et fac-similé de l'auteur. — Ouvrage approuvé par NN. SS. les évêques de Versailles et d'Orléans. — 1 vol., in-16, en caractères elzéviriens, 1 fr. ; franco, 1 fr. 40.

— LE MÊME. 1 vol. in-8°. 3 fr. »

L'Évêque de Versailles dans une lettre d'approbation, dit de ce livre « Ce travail fait avec autant d'intelligence que de goût, résume et complète ce qui est nécessaire pour la bonne éducation des jeunes personnes à qui il est adressé. »

Ami (l') de la jeunesse, par Mme VATTIER. 1 vol. in-12. 1 fr. 25

Ce petit recueil s'adresse aux enfants, et il nous paraît bien à leur portée. Dans une étude préliminaire, l'auteur rappelle les bienfaits de la religion révélée, puis présente à la jeunesse les vertus et qualités à rechercher, les vices et défauts à éviter. Une troisième partie est consacrée à des notions « civiques » n'ayant d'autre base que l'idée religieuse.

L'ensemble est bon. Mme Vattier ne peut que recevoir des félicitations et des remerciements de pères de famille et d'éducateurs chrétiens.

Éducation (de l') **des femmes**. Le monde, le chez soi, la famille, par Mme la comtesse DE BASSANVILLE, avec une préface de M. A. NETTEMENT. 1 vol. in-12. 3 fr. »

C'est un livre écrit pour les jeunes filles et les jeunes femmes ; c'est un guide d'autant plus utile que, tout étant aimable et attrayant, il donne les conseils les plus pratiques pour parfaire l'éducation.

Éducation (de l'). Observations pratiques, par DEPOISIER, précédée d'une lettre de Mgr l'évêque d'Orléans. 1 vol. in-12. 2 fr. 50.

Ce livre vif et court, incisif et piquant sera utile et apprendra des choses qui, en général, ne sont pas assez sues pour la bonne éducation des enfants.

Leçons élémentaires de littérature à l'usage des établissements d'enseignement primaire supérieur (style), par Mgr FOUQUÉ. 1 vol. in-12. 2 fr. »

Le plan de ce cours est commun à tous les auteurs qui ont écrit sur la matière : style, poésie et rhétorique, telle en est la division.

Pour être complet, l'auteur y ajoute l'histoire de la littérature.

Liberté de l'Enseignement, les débats de la commission de 1849, discussion parlementaire et loi de 1850, par H. DE LACOMBE. 1 vol. in-12, 2 fr. franco 2 fr. 50

OUVRAGES DE Mgr LELONG

ÉVÊQUE DE NEVERS

Le Bon Pasteur. Conférences sur les obligations de la charge pastorale. In-8°. 5 fr. »

Le Saint Prêtre. Conférences sur les vertus sacerdotales. 1 vol. in-12. 4 fr. »

OUVRAGES DE S. Em. LE CARDINAL MEIGNAN

Les Évangiles et la Critique au dix-neuvième siècle. 1 vol. in-8°. 5 fr. »

Le Monde et l'Homme primitif selon la Bible. 1 volume in-8°. 5 fr. »

Les Prières de la célébration du Mariage, avec instructions et conseils pratiques. 1 vol. in-16, en caractères elzéviriens, encadré de vignettes. 4 fr. »

Instructions et Conseils aux familles chrétiennes. — Le mariage. — Les enfants. — La famille. 1 vol. in-16, en caractères elzéviriens. 3 fr. »

OUVRAGES DE Mgr ÉLIE MÉRIC

PROFESSEUR A LA SORBONNE

Les Elus se reconnaîtront au Ciel. 1 vol. in-12. Trentième mille. 2 fr. »

La Chute originelle et la responsabilité humaine. 1 vol. in-12. 2 fr. »

L'Autre Vie, 12e édition revue et augmentée. 2 vol. in-12. 6 fr. »

Energie et Liberté. 1 vol. in-12. 3 fr. 50

Les Erreurs sociales des temps présents. In-12. 3 fr. 50

Les Universités allemandes et les Séminaires français. In-8°. 1 fr. »

OUVRAGES DU R. P. DE RAVIGNAN

Entretiens spirituels, recueillis par les Enfants de Marie (couvent du Sacré-Cœur de Paris, 1856), suivi d'un choix de ses pensées. 7e éd. In-12. 3 fr. »

Suite des entretiens spirituels, recueillis par les Enfants de Marie (couvent du Sacré-Cœur, 1856 et 1857), suivis de quelques passages de sa correspondance. 2e édition, 1 vol. in-12. 3 fr. »

Retraite sur le Courage, in-12. 2 fr. »

Souvenirs d'instruction et de retraite (1845-1856). 1 vol. in-18. 1 fr. »

Dernière retraite *prêchée aux dames religieuses carmélites du monastère de la rue de Messine, à Paris* (1857). In-12. 2 fr. 50

La Source du Bonheur. De la divine Providence, suivie de quelques pensées du P. de Ravignan. In-18. 0 fr. 80

Pieux Souvenirs: *Que votre volonté soit faite sur la terre comme au ciel.* Vie de Foi. Prix: 0 fr. 15; 150/100 15 fr. »

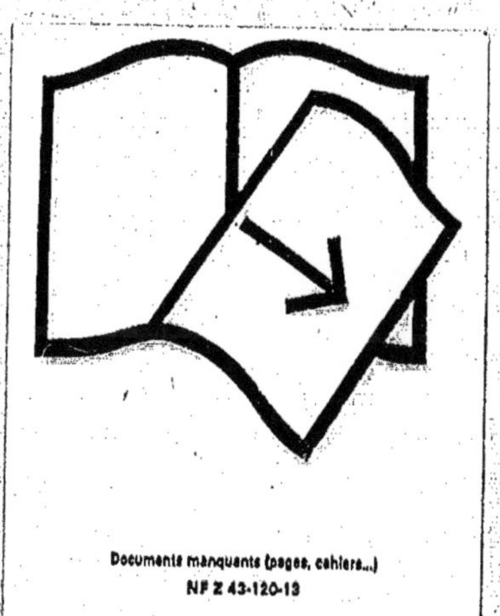

Documents manquants (pages, cahiers...)

NF Z 43-120-13

www.ingramcontent.com/pod-product-compliance
Ingram Content Group UK Ltd.
Pitfield, Milton Keynes, MK11 3LW, UK
UKHW020127220726
13923UKWH00001B/44

9 782016 151365